安心・安全な場で学べる教室づくり

ファシリテーションを活用したチームづくりの手法

吉岡 明子 著

明治図書

はじめに

今、教師という職業がブラックだと言われています。働き方改革や保護者対応、子供たちのニーズの多様化など、様々な問題が取り上げられていて、ＳＮＳなどでも、悩みや訴えを目にすることが多くなってきました。

しかし、本来教師の仕事は子供たちの未来に携わる大切な、夢のある仕事です。私自身、長年教師をやっていますが、教師という仕事は、子供たちの成長を間近で感じられる、やりがいのある仕事だと思っています。毎日が変化の連続で、子供たちとの関わり方や授業も試行錯誤しながらやってきました。もちろん、悩んだり苦しんだりしたこともたくさんあります。うまくいかないことや、「もっとこうすればよかった」と悩むことは日常です。たくさん悩み、解決しながらやってきました。辛いことがあっても、仲間や保護者、そして子供たちに支えられて、それ以上に楽しいことや、充実感を味わっています。

この本で紹介することは、実践ですが、大切なのは「何をやるか」ではなく、「何を大事にして取り組んでいるか」という教師としての在り方なのだと思います。私は若手の先生方に、授業についていて「ねらいがはっきりとしていれば、予定していた授業と違う流れになっても、ぶれないで授業ができる」と言っています。大切なのは考え方。どんな手法でやったとしても、その根底にある考え方を理解しないで取り組んでもなかなかうまくいきません。ですから、私がどんな思いで取り組んでいるのかをしっかりと伝えながら、この本を書きました。

また、私の学級経営の核になっているのが「ファシリテーション」です。Society5.0時代における教師及び教職員組織の在り方にも、教師に求められる資質、能力にファシリテーション能力が上げられています。ファシリテーションという言葉もたくさん見られます。大人も子供もファシリテーターになる、そんな学級が必要とされています。

この本を通して、子供たちと一緒に学級をつくっていく楽しさ、授業が楽しいと思えるためには何が必要なのか考えるきっかけになればと思い、まとめました。今まで子供たちと一緒に歩んできたなかで、皆さんにお伝えできれば幸いです。

二〇二五年三月

吉岡　明子

もくじ

第2章 ホワイトボード・ミーティング®を実践する

第3章 さまざまな手法を取り入れる

第4章 概念型探究に挑戦する

第5章 保護者と信頼関係を築く楽しくスキルアップする

参考文献・データ

※『ホワイトボード・ミーティング®ベーシック検定試験公式テキストｂａｓｉｃ３級』（ちょんせいこ・株式会社ひとまち）

※プロジェクトアドベンチャージャパンホームページ

※『増補改訂版「振り返りジャーナル」で子どもとつながるクラス運営』（岩瀬直樹・ちょんせいこ著、学事出版）

※『信頼ベースのクラスをつくる　よくわかる学級ファシリテーション①～③』（岩瀬直樹・ちょんせいこ著、解放出版社）

※『思考する教室をつくる　概念型探究の実践：理解の転移を促すストラテジー』（北大路書房）

※p.62の質問の技カードのデータ
ダウンロード用ＱＲコード（ユーザー名：０３６６２８　ＰＷ：question）

第1章

安心・安全な場をつくるために

私の教師としての原点

私が教師としてスタートしたのは、五年生の担任でした。どのクラスを担任するかを学年の先生方と決めるとき、一緒に組む先生が「子供を見て決めるのではなく、くじびきで決めよう」と言って、くじを引きました。今どこの学校でも、子供たちの実態を考慮して考えるので、今では考えられないことですが、子供たちを見て決めると、後でこうすればよかった、とクラスで何かあったときに後悔するから、運命に任せようということでくじを引いたことを覚えています。この運命によって、私は学年の中でも大変な一人の児童を任され、翻弄されることとなります。そして、二年間担任したこのクラスが、私の原点となりました。

四月は放課後、毎日のように職員室で泣いていたことを今でも思い出します。トラブルもたくさんあり、どうしたらいいのか悩みながら毎日を過ごしていました。子供たちの人間関係、授業の進め方、どうしたらいいのか分からず、いっぱい、いっぱいになっていたと思います。しかし、その「悩んだこと」が、今の私の教育観、教師としての考え方をつくっていきました。個に応じた関わり方・教え方をする原点になったのもこの時期だと思います。

毎日必死になって、どうしたら彼がみんなと一緒に学ぶことができるのか、みんなに分かりやすい授業ができるのか、そればかりを考えていました。しかし、子供たちと奮闘していくなかで、クラスが変わっていき、卒業のときにはクラス全員が、お別れ会で涙を流す、そんなクラスになったのです。この経験が今の自分を支えていると言っても過言ではありません。

子供たちと過ごした二年間で、私は、人は変わることができる、子供たちにはクラスを変えていく力がある、と確信しました。

その後、異動して私は特別支援学級の担任になりました。ここでの一〇年間は今の私をつくったと言っても過言ではないくらい、たくさんのことを学びました。そういう意味ではここも私の原点です。

高学年しか担任したことのない私が、突然何も分からない特別支援の世界に入り、不安や戸惑いもありました。が、すぐにこの世界にのめり込むことになります。子供たちにどう授業すれば楽しいと思ってもらえるのか、分かりやすいのか、やる気になるのか……。教科書がない授業準備の中で、アイデアを自由に出し、自分で授業をつくっていくことが楽しくてたまりませんでした。今でこそ「個別最適化」と言いますが、特別支援学級にいると、そこが学級の肝になり、対応の仕方も自然と考えていたのだと思います。また、子供たちの様子をよく観察するようになりました。いわゆるアセスメントです。子供たちの表情、つぶやき、視線など、あらゆることにアンテナを張り、広く見ていくことが日常になりました。

そして、たくさんの保護者との関わりを学んだのもこの時期でした。保護者と一緒に考えていく姿勢や、本気で互いの気持ちを伝えていくことの大切さを学んだのが、この一〇年間でした。保護者の気持ちに寄り添う、ということは言うのは簡単ですが、本当に大変なことです。私の場合、「寄り添う」のではなく、「共に」ということなのかなと思います。共に子供たちの成長を願う、そんなパートナーとして保護者と関わることができるようになったのも、ここでの経験が大きかったのだと思います。

今でも、この特別支援学級で出会った子供たちや保護者の方とはつながっていて、毎年集まっています。夏休みになると同窓会を行います。学校を去るときに一年生だった子たちが二〇歳を過ぎました。今ではお酒を一緒に飲んでいます。保護者も一緒に、三〇名近い人数が集まって、会食をします。

コロナの前は、流しそうめんをしたり、カラオケに行ったり、ボーリングをしたりと、楽しい時間を過ごしていました。今では会食が中心ですが、仕事のこと、趣味のことなどいろいろな話をしています。

初めて担任した子供たちとも同窓会をしました。そのときに、当時教室に貼っておいた「めざせ　愛のあるクラス」という掲示物を会場に再現してくれていて、懐かしい気持ちになりました。何年経っても、この言葉は私の原点です。

人と人がつながっている、そんな温かい関係が今でも続いているのです。

フ
ファシリテーションは愛だ！

私の大好きな作家に灰谷健次郎さんがいます。灰谷さんの本は、教師になる前から読んでいました。たくさんの本から、灰谷さんの子供たちへの温かい眼差しや、考え方を感じ、私には共感できることが多くありました。

実は、私はもともと教師になるつもりはなく、小さい頃から習っていたダンスの世界で生きていきたいと思っていました。ですから、大学を卒業してから始めた小学校の講師の仕事も、教員採用試験も、実は生活のためにやっていました。しかし、担任として講師の仕事をしたとき、「教師という仕事はなんておもしろいのだろう」と今まで感じたことのない感情が沸き起こりました。

ちょうどその頃に出会ったのが灰谷さんの本です。夢中になって読み、全部の本を読破したことを覚えています。灰谷さんの本は私の教育観の原点になっています。その灰谷さんの本（灰谷健次郎『ひとりぼっちの動物園』全国学校図書館協議会）にある詩が載っています。

その詩には「人を愛すること」について書かれています。人はそれぞれ、違う人生を歩んでいます。私たちが見ているその人は、ほんの一部であり、見えていない部分がたくさんあります。「人を愛するということは　知らない人生を知るということだ」という言葉を読んだとき、私は、人を認めるということは、その人を知ることだと考えました。

ですから、私は対話することや相手の気持ちをイメージすることをとても大切にしています。子供たちにも「自分の言葉で伝え合おう」「相手のことをイメージしてほしい」とよく話します。

私は初任のときからずっと「愛のあるクラス」を目指しています。互いを認め合い、友達も自分も大切にできるクラスづくりをしています。先ほども申しましたが、初任の頃は、「めざせ　愛のあるクラス」と大きく書いて教室に貼っていました。

他を認めるということは難しいですが、たくさん関わり合うことで、その人を理解していけるのだと思います。クラスでもさまざまな出来事が起きます。そのときには、お互いを理解しようと思う気持ちをもち、たくさん対話し、理解し合える関係をつくっていく。

そして温かい関係を築き、みんなが笑顔でいられる。そんな幸せなクラスが、私の目指す「愛のあるクラス」です。

私がファシリテーション（ホワイトボード・ミーティング®）に出会ったのは一二年前ですが、今まで自分がしてきたことはファシリテーションなのだと思いました。互いの意見や考えを、対話を通して理解し合うことができます。ファシリテーションはお互いを認め合うことができる、今までの自分の学級経営の考え方と同じだと思いました。

認め合ったり、ぶつかり合ったりする中で、お互いを理解しようとする、それが私の思う愛だとしたら、ファシリテーションも愛だ！と感じたのです。

学級経営の三つの柱

私の学級経営の大きな柱は三つあります。

自己選択、自己決定
互いを認め合い、温め合える関係
思考を深める

この柱を実践するために大事にしているのは次の点です。

① ホワイトボード・ミーティング®
② PA（プロジェクトアドベンチャー）
③ マインドマップの活用

④　振り返りジャーナル（信頼ベースの学級ファシリテーション）
⑤　教科の会社活動（信頼ベースの学級ファシリテーション）
⑥　読書活動
⑦　概念型探究

これらの七つをうまく進めていくのに中核になるのが、子供たちがファシリテーターとして活動するための「ファシリテーションの技術」です。これらは、今の私の学級経営になくてはならないものとなっています。

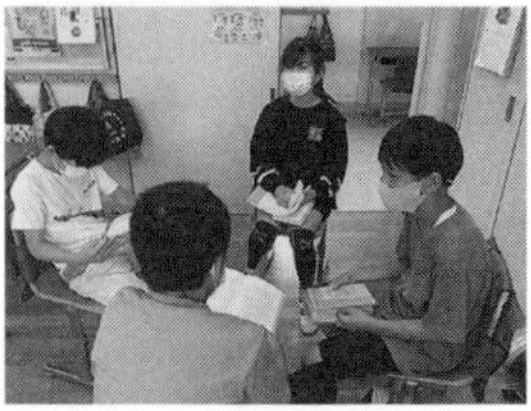

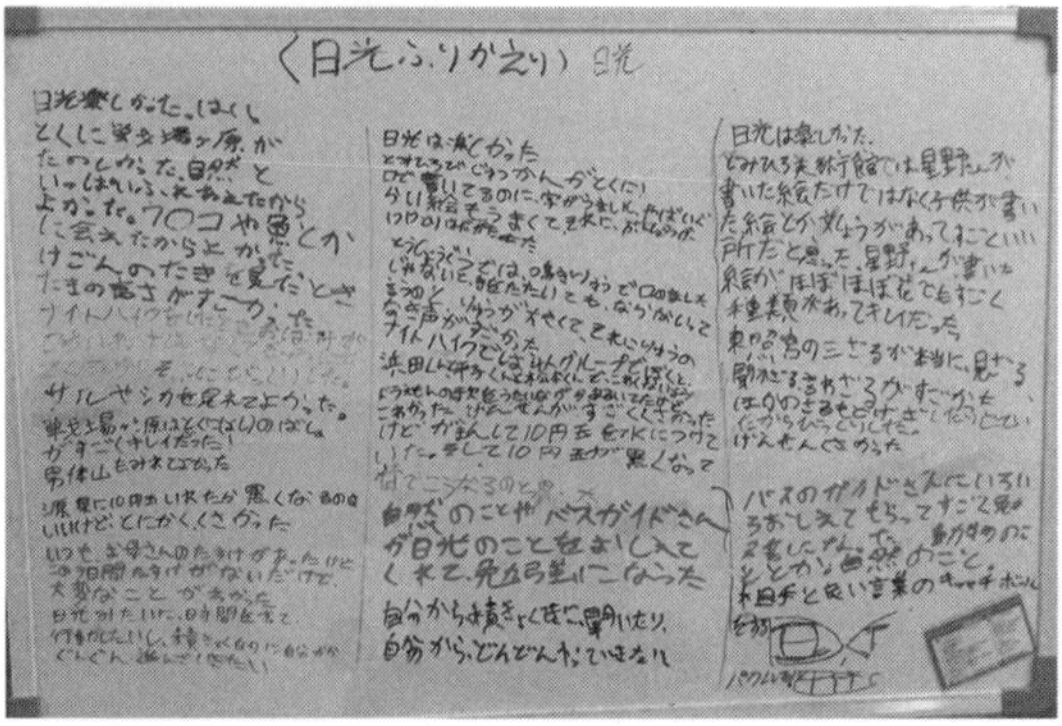

愛のある クラスづくりの 構成要素

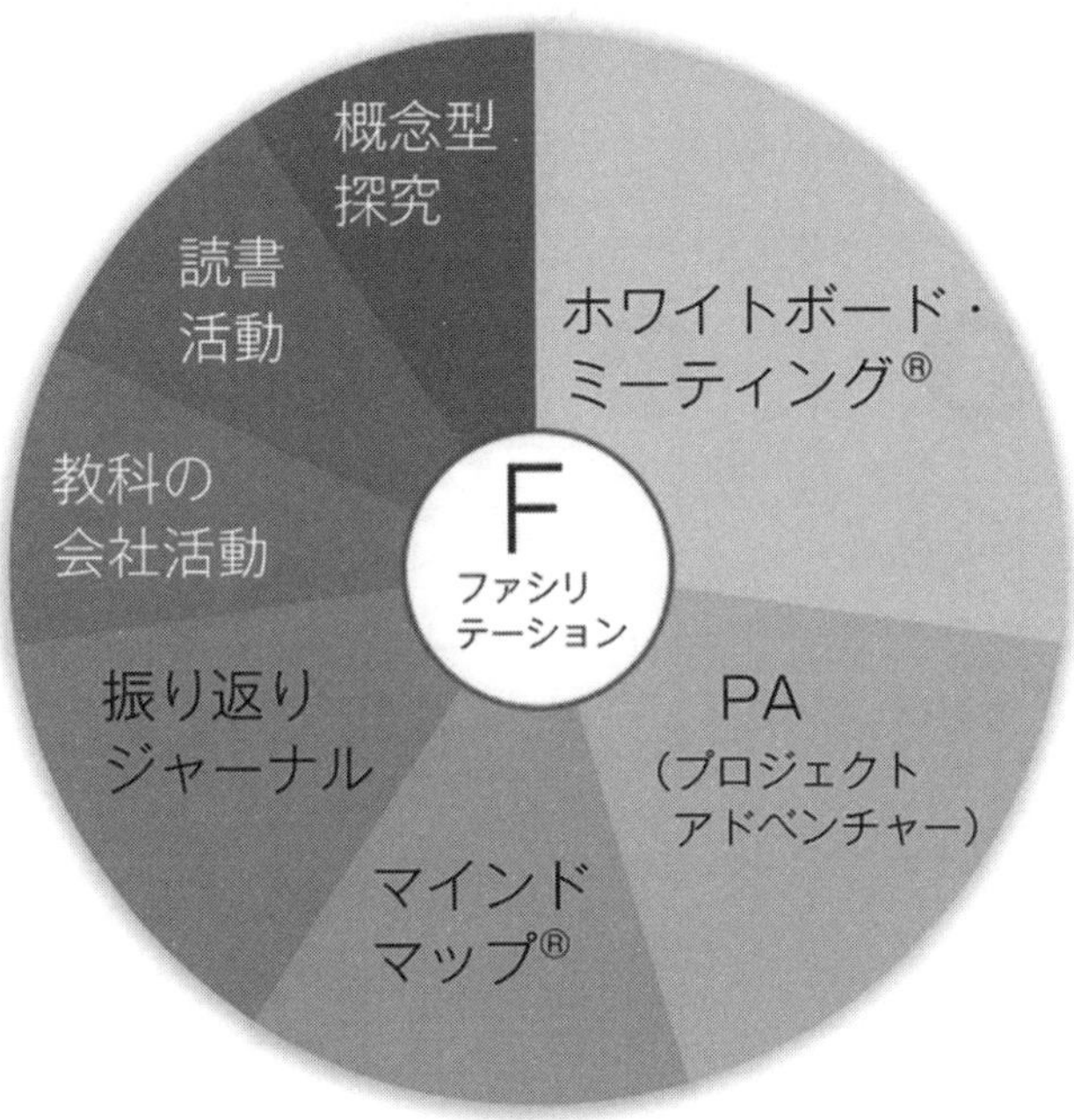

① インストラクション
指示・説明

指示や説明をする技術。シンプルで的確な言葉や手順の提示、エピソードを有するインストラクションは1人ひとりが自立的、協働的に動きやすい環境をつくる。

② クエスチョン
問い・問いだて

対話や議論、試行錯誤や探究を促進する問いだての技術。目的を有するクローズドの問い立てや、ニュートラルポジションで問うオープン・クエスチョンがある。ファシリテーターの本質的な技術。

③ アセスメント
評価・分析・翻訳

全体状況から現状を分析し、評価、分析、翻訳する技術。多面的な情報からの全体の状況をメタ認知し、具体的な方針や手立てを導き出すための状況を読む力。

④ グラフィック＆ソニフィケーション
可視化・可聴化

見えない、聞こえないものを「見える化」（可視化）「聞こえる化」（可聴化）する技術。何を共有すれば（もしくは共有しなければ）場が促進されるのかが指標となる。

⑤ フォーメーション
隊形

グループ編成やキャスト（参加者）、シチューエーションを選択する技術。目的に応じて1人から大勢まで、室内から室外まで、多様にアレンジする。

⑥ プログラムデザイン
設計

ゴールを創り出すためのアクティビティ（活動・学習活動）を組み立てる技術。①〜⑤の技術を使い、ファシリテーターは最適なプロセスと結果を共に目指す。

「よくわかる学級ファシリテーション①」岩瀬直樹・ちょんせいこ 2011/解放出版社

表・ちょんせいこ氏提供

① チャレンジ・バイ・チョイスの考え方

私たちは日常生活の中で、様々な選択をしています。その選択は自分で選択し、自分で決めていくことで自分らしくいられるのだと思います。その自己選択・自己決定のもとになる考え方が「チャレンジ・バイ・チョイス」です。

人には三つのゾーンがあります（図1）。

一つ目は「コンフォートゾーン（Cゾーン）」。これは、人が安全で安心していられる領域です。二つ目は「ストレッチゾーン」。自分には少し難しいかもしれないけれど、ちょっとチャレンジしてみたらできそうな領域です。三つ目は「パニックゾーン」。ここは頭の中が真っ白になって、パニックになってしまう領域です。私たちは「Cゾーン」にいると、安心できますが、成長はしません。「ストレッチゾーン」にいると、「ちょっと頑張ってみようかな」と

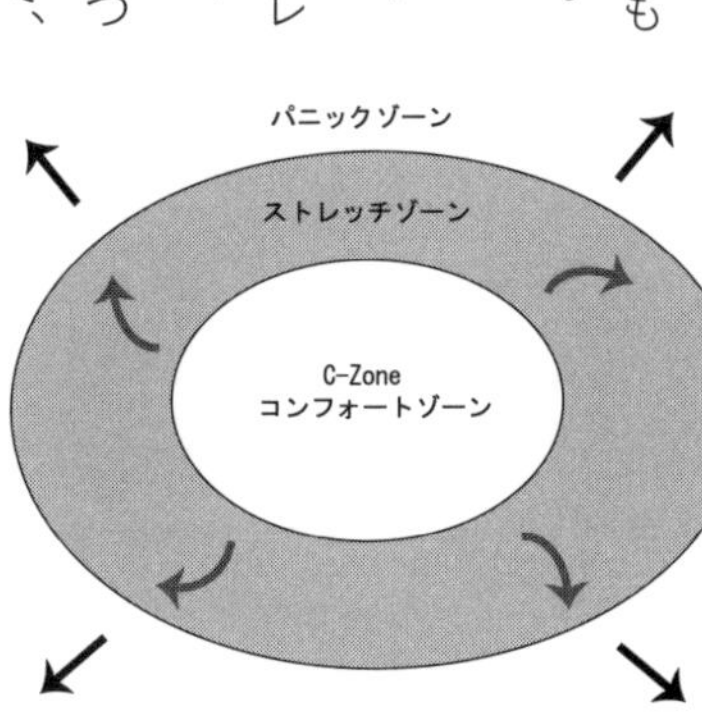

（図1）

挑戦することで、人は成長することができます。

人はそれぞれ、自分の目指すチャレンジが違います。例えば、みんなの前に出て一人で話すことが、Cゾーンの人もいれば、パニックゾーンの人もいます。算数の計算が苦手で、五〇問はとてもつらいAさんもいれば、五〇問なら難なく解けてしまうBさんもいます。計算の例でいうと、Aさんは「一〇問ならストレッチゾーンかも」、Bさんは「時間を計って〇分で、ミスなくやることがストレッチゾーンかも」と、考えて決めます。このように、自分のストレッチゾーンを自分の責任で選んでチャレンジすることを、チャレンジ・バイ・チョイスといいます。

一つの現象について、人は感じ方が違います。自分にとってそれがどこの領域なのかをしっかりと見極め、ストレッチゾーンになる取り組みは何なのかを考えて選択していくことが大切になります。

私の学級では、学級開きで必ずこの考え方を伝えます。ですから、計算を一〇問にしたAさんを「ずるい」と攻める人はいません。自分のチャレンジですから。それぞれのチャレンジを認め合い、応援する。みんながそんな関わりができれば、温かい学級になります。

よく、大縄など「やりたくない」という児童もいます。その場合は縄を回してもらったり「タイムを計って」「回数を数えて」と伝えたりしていますが、だんだんチャレンジしていけるように、「本当にこれがストレッチゾーンだったかな？」と考えるように声かけをします。以前、私のクラスに「大縄はやらない」と、頑なに嫌がっていた児童がいました。そこで、タイムを計る役や回数を数える役をやってもらったところ、何回かチャレンジしていくうちに「やってみようかな」と練習を始めました。その、「やってみようかな」が出るまで、自分なりの関わり方を一緒に考えていくことが必要です。

自分で選択することは大切ですが、その選択が合っていたかどうかを振り返ることが大切です。初めから自分のストレッチゾーンを正しく選ぶことは難しいです。しかし、振り返ることで、だんだん自分の選択ができるようになります。

この考え方は、子供たちにも伝えますが、保護者会や学級通信などで、保護者にも伝えます。よく、保護者会の後に「この、チャレンジ・バイ・チョイスの考え方が素敵ですね」と多くの保護者から言われます。「家でも、チャレンジ・バイ・チョイスのことを話しているんです」と言ってくださる保護者もいます。

② ホワイトボード・ミーティング®の基本的な考え方「心の体力」

ホワイトボード・ミーティング®は、ちょんせいこさんが二〇〇三年に開発した、ホワイトボードを活用したファシリテーションの技術です。

もともとは職場や地域活動の会議フレームとして開発されましたが、岩瀬直樹さん（現・軽井沢風越学園校長）と出会い、学校教育で活用できるように開発されました。今では日本全国に仲間がいて、たくさんの先生方が実践しています。

このちょんせいこさんとの出会いが私の学級経営をグンと進化させました。ホワイトボード・ミーティング®に出会ってから、一〇年以上になりますが、実践を始めてから毎年、子供たちが温かい関係をつくることができています。ちょうど時期を同じくしてPA（プロジェクトアドベンチャー）にも出会い、先に書いたチャレンジ・バイ・チョイスの考えとともに私の学級経営の核になっています。それまでも教師という仕事が楽しかったのですが、ホワイトボード・ミーティング®に出会ってからは、学級経営がぐんと楽しくなりました。

このホワイトボード・ミーティング®の基本的な考え方に「心の体力」があります（図2）。

> 私たちの体に体力があるように、私たちの心にも体力のようなものがあります。体は強い、弱いと表現しますが、心は温度で「温かい、冷たい」と表現するのがピッタリです。
>
> 「心の体力」が温かいと、私たちは自分の力を発揮して自分らしく生きていきやすいです。やりたいことが少々、困難を伴うようなことであっても、心がポカポカと温かければ、やってみようと意欲的になりやすいです。例えば、困難にぶつかった時、一人で無理だと思っても「心の体力」が温かければ、素直に回りにSOSを出すことができます。

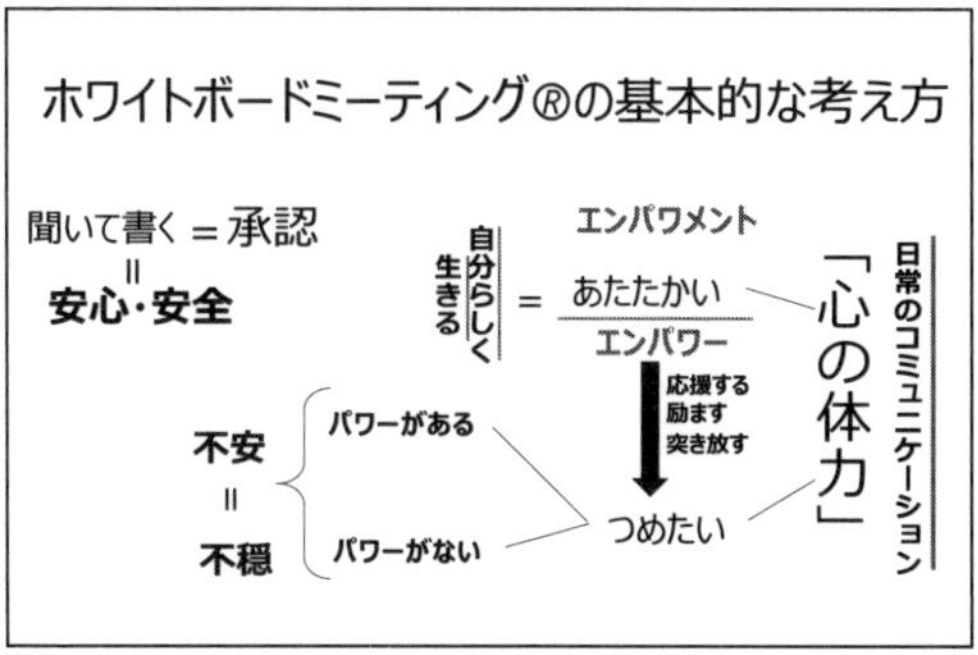

（図2）

また、何か失敗をした時には、その時は落ち込みますが「心の体力」が温かくなってくると、やがて浮上してきて、失敗を振り返って糧として、さらに力強く成長することができます。

「心の体力」をしっかりと温めて、自分らしく力を発揮して生きることをエンパワメントと言います。エンパワメントな家庭、エンパワメントな職場、エンパワメントな友人関係、エンパワメントな地域社会。私たちが所属するチームが、その場にいるだけで「心の体力」が温まり、なんだか力が湧いてきて、意欲的になれる集団であることはとても大事です。「心の体力」はいろんなもので温まったり、冷えたりしますが、一番、大きな影響力をもつのは、日常のコミュニケーションです。体の体力と同じで、今日一日だけ栄養価の高いものを食べても、毎日の三度、三度の食事が残念だと健康にならないのと同じで「心の体力」も、今日一日だけ認められたり、褒められたりしてもダメで、毎日の友達や家族や職場での普通のコミュニケーションが温かいものであることが大切です。

「心の体力」を温めることをエンパワーすると言います。日本語にすると「応援する」や「励ます」がぴったりです。しかし、「心の体力」が温まってきたら「任せる」

とか、時には「つきはなす」ことがエンパワーになることもあります。その時々の分析、アセスメントによります。

「心の体力」が冷えている時の行動パターンは大きく2つにわかれます。パワーがある時と、パワーがない時です。「心の体力」が冷えていてパワーがある時は、暴言や暴力を繰り返します。周囲はとても大変ですが、分析としては「心の体力」が冷えていてパワーがある状態と分析します。「心の体力」が冷えてパワーがない状態の時は、どんどん意欲をなくし、無気力になっていきます。「心の体力」が冷えてパワーのない状態と分析します。「心の体力」が冷えている時、私たちは不穏な行動に出ます。この行動動機は不安です。私たちは不安が強くなると不穏な行動に出ます。

まわりに「不穏な行動」をとる人がいたら、その人は不安が強いのだと分析します。不安をなくすためには、どうしたら良いか。答えは簡単で、良好なコミュニケーションで場に安心や安全を育めば良いのです。具体的にはお互いに承認し合える関係性をつくっていくことが大切になります。

ホワイトボード・ミーティング®は書くということで、お互いを承認し合える関係性をつくっていけます。良好なコミュニケーションを育むので、日常のコミュニケーションもよくなります。一人ひとりが自分のもつ力を発揮しやすくなり、エンパワメントなチームができてきます。

（引用文献「ホワイトボード・ミーティング®ベーシック検定試験公式テキスト」（ちょんせいこ・株式会社ひとまち）より）

私がこの考え方の中で大切にしていることが二つあります。

一つ目は「日常的によいコミュニケーションをとる」ということです。ホワイトボード・ミーティング®は、継続して取り組むことで、良好なコミュニケーションを育みます。そして、教室に安心や安全を育むことができます。この「継続する」ということがとても大切です。よく、「取り組んでみたけれど、うまくいかなかったのでやめてしまった」という話を聞きます。私にも経験がありますが、子供たちの状態によっていつも同じように結果が出るということはありません。我慢して続けていると、あるとき、グンと子供たちができるようになります。「子供たちには力がある」と信じて続けることが大切です。

以前「ホワイトボード・ミーティング®のペアトークが嫌いだ」と言った子がいました。しかし、あるときとても上手にペアトークができ、終わった後に「すごい、ペアトークでたくさん言えてたくさん書けたね」と言うと、嬉しそうに頷いていました。

すぐに子供たちができるようになるわけではありません。じわじわと力がついてきて、温かい関係になっていく、という感じです。とにかく、「信じて待つ」が大事です。

そうは言っても、結果が出ないと、と思う人もいるかもしれません。しかし、考えてみてください。たった数回の練習でできるようになるほど、コミュニケーションは簡単なものではありません。たった一回聞いただけで全員が内容をマスターできないのと同じです。教師が何とかするのではなく、子供たちが自分たちの力で成長していくのだ、と思って待つしかないのです。ファシリテーションは技術です。コミュニケーションは自然発生的に上手になることはありません。練習することで、誰もが上手になれます。そうすればみんながファシリテーターになれるということです。

「教師も子供もファシリテーター」がホワイトボード・ミーティング®の目標です。

二つ目は、「アセスメントをする」ということです。「心の体力が冷えている児童をしっかりとアセスメントし、なぜそういう行動をとってしまうのか」を考えます。例えば宿題を忘れる児童がいたら、「中休みにやるように」と決めている先生がいます。私はまず、「どうして忘れてしまうのか」を聞き、そのうえで「どうするか」を子供たちに答えてもらいます。忘れる理由はそれぞれ違います。どう支援するかは、アセスメント次第です。若い頃は「何でやってこないの？」と、怒って指導してしまうことがありました。なぜ、その子は宿題をやってこないのかを考えることが第一歩なのだと思います。その子の背景にあるものや考えに想いを馳せる、それがとても大事なのだと思っています。

気になった児童がいたらすぐに声をかけ、話を聞く。子供たちのアセスメントをしっかりと行えるよう、アンテナを張っておきます。

授業中もよく子供たちをアセスメントして、授業の流れを変えていきます。子供たちの様子、進行具合などをよく見て必要があれば授業のデザインを変えていきます。ファシリテーションの六つの技術を使って授業をしますが、その中でもアセスメントが全てにつながると思っています。

このホワイトボード・ミーティング®の活用によって、私の学級経営や授業が大きく変わりました。大人も子供もファシリテーターになる、そんなクラスがつくられていきます。実際、ホワイトボード・ミーティング®に取り組んで一二年になりますが、子供たちの変容が見られ、その効果を

実感しています。

以前、ホワイトボード・ミーティング®で初めて「聞きながら書く」に取り組んだとき、「自分のことを認められた気がして嬉しかった」と子供から声が上がりました。この「承認された」という気持ちを継続して感じることが、学級づくりのうえでとても大切になります。また、「聞いて書く」ことで、温かい関係づくりだけでなく、話す力、聞く力、書く力がついていきます。書いた量が増えていくことを視覚的に見ることができるので、「たくさん話せた」「たくさん書くことができた」と子供たち自身が実感し、自信につながります。

子供たちがトラブルを起こしたときも、ホワイトボードを持っていき、誰かがファシリテーターになって話し合います。以前、保護者の方から「家で妹たちがケンカしていたら、お兄ちゃん（私のクラスの子）が、『ちょっとおいで』と言って二人を呼び、ホワイトボードを手に取って、お互いの言い分を聞きながら書いて、ケンカを仲直りさせたんです。びっくりしました」と言われたことがあります。学校でやっていることが、日常に活かされているのだと思い、嬉しくなりました。

ホワイトボード・ミーティング®を続けていくと、ホワイトボードを使わなくても子供たちがどんどん話し合うようになります。話し合うことが日常化していきます。私は体育の指導教諭をしていて、授業を見てもらう機会が多くありますが、以前保健の授業をしたときに、参加者の方から「どうしてこんなに話し合いができるのですか」と聞かれたことがあります。また、キャリア教育の一環で、新聞社の方が来たときも、「こんなに話し合うクラスはなかなかないですよ」と言っていただいたこともあります。そんなとき、私はいつも「ホワイトボード・ミーティング®をやっていてよかったな」と思います。

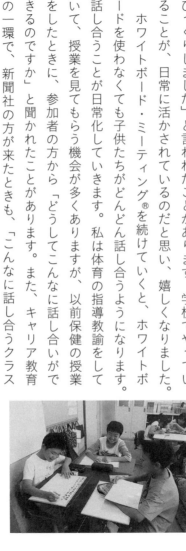

保護者の声～卒業生の保護者より～

縁あって、長男、長女共に、五、六年生の二年間を吉岡先生に担任していただきました。特に長男は、コロナが流行する前だったので、たくさんの経験ができ、高学年の多感な時期を、伸び伸び過ごすことができたと思います。

まず、印象深いのは、男女の仲が良かったことです。学校でも放課後でも、男女関係なく遊んでいました。これは、当初から、先生が男女の壁をなくすように工夫してくださっていたそうです。例えば、プロジェクトアドベンチャーという男女数人の班で対決するゲームでは、全員が協力して、声かけし合わないと勝てないそうです。思春期の難しい時期でしたが、簡単なゲームを通じて、自然と打ち解けられたそうです。

そして、個人的に感じたことは、コミュニケーション能力が高くなったことです。なかでも聞く力が身についたと思います。

これは、オープン・クエスチョンという質問方法のおかげだと子供から聞いたことがあります。

友人と話をしているときに、自然と興味深く聞いてしまい、さらに深掘りしてしまうそうです。会話の中で、話を聞く姿勢はとても大切なことです。この力は、今後、確実に武器になると感じました。

また、何事も楽しんでいると感じます。これは、吉岡先生のクラスで、楽しむこと、全力で行うこと、認め合うことなどを学んだおかげだと思っています。

現在長男は、高校三年生ですが、周りにはたくさんの友達がいて、信頼関係を築いています。これは、知らず知らずに培われたコミュニケーション能力と、相手を思いやる、安心して生活できるという吉岡先生の精神が根底にあると言っていました。

勉強やスポーツも大事ですが、こういった精神につながったことは、親として、こんなに嬉しいことはありません。

峰岸　洋子

子供たちの声

私がホワイトボード・ミーティング®を経験して、よかったことやこれから活かせると思ったことが二つあります。一つ目は「話せるようになる」ということです。私はこのホワイトボード・ミーティング®をするまで、何かのお題に対して急に話すことがとても苦手で、授業でもなかなか手を挙げることができませんでした。ですが、このホワイトボード・ミーティング®を始めていくうちに、国語やいろいろな授業でたくさん手を挙げて発言することが増えました。二つ目は「書くこと」です。経験していくうちに、人が話していることをすらすらと書けるようになりました。やっていくうちにたくさん話せるようになって、書けるようにもなります。その他にも、相づちを書きながらでもうつことができるようになっています。

ホワイトボード・ミーティング®を通して私は自信がつきました。これからの学校生活にも活かしていきたいと思います。

小峰　楓彩

③ 思考力を高めるマインドマップ

マインドマップは、ある研修で体験したときに、「これは楽しく学べる!」と直感し、マインドマップ資格を取りにいきました。「マインドマップの学校」というサイトでは、マインドマップに関して、一九七〇年前後にイギリス人著述家のトニー・ブザン氏が考案し、世界中で使われるようになったものとして、次のように説明されています。

「マインドマップは、人間の自然な思考プロセスを反映したノート法です。頭の中で起きていることが「見える化」されるので、考え続けることが非常にラクになります。全体を一目で見渡すことができ統合的に考えるのを促すため、思考整理、記憶、アイデア発想などに威力を発揮します。」

授業で学ぶときに思考を整理したり、記憶したりするために便利なツールです。聞いたり調べたりした内容を整理・分類しながら枝のような「ブランチ」に乗せて書いていきます(図3)。

子供たちもマインドマップを書くことが好きです。はじめは難しいと思っていても、慣れてくると「集中してできるから楽しい」「絵を描いているみたいで楽しい」「分かるようになって、テストの点が上がった」と子供たちからの声が聞かれるようになります。中学校へ行っても実践してくれた子もいます。「定期テストで点数がとれました」と報告を受けたこともあります。

　私たちは聞いたことや調べたことなどをただメモしていくだけでは、なかなか記憶に残りません。しかし、整理しながらメモをとることで、後で見ても分かりやすく、また自分だけのノートになります。マインドマップはカラフルで自由にまとめられるので、子供たちも楽しんでまとめることができます（第3章参照）。

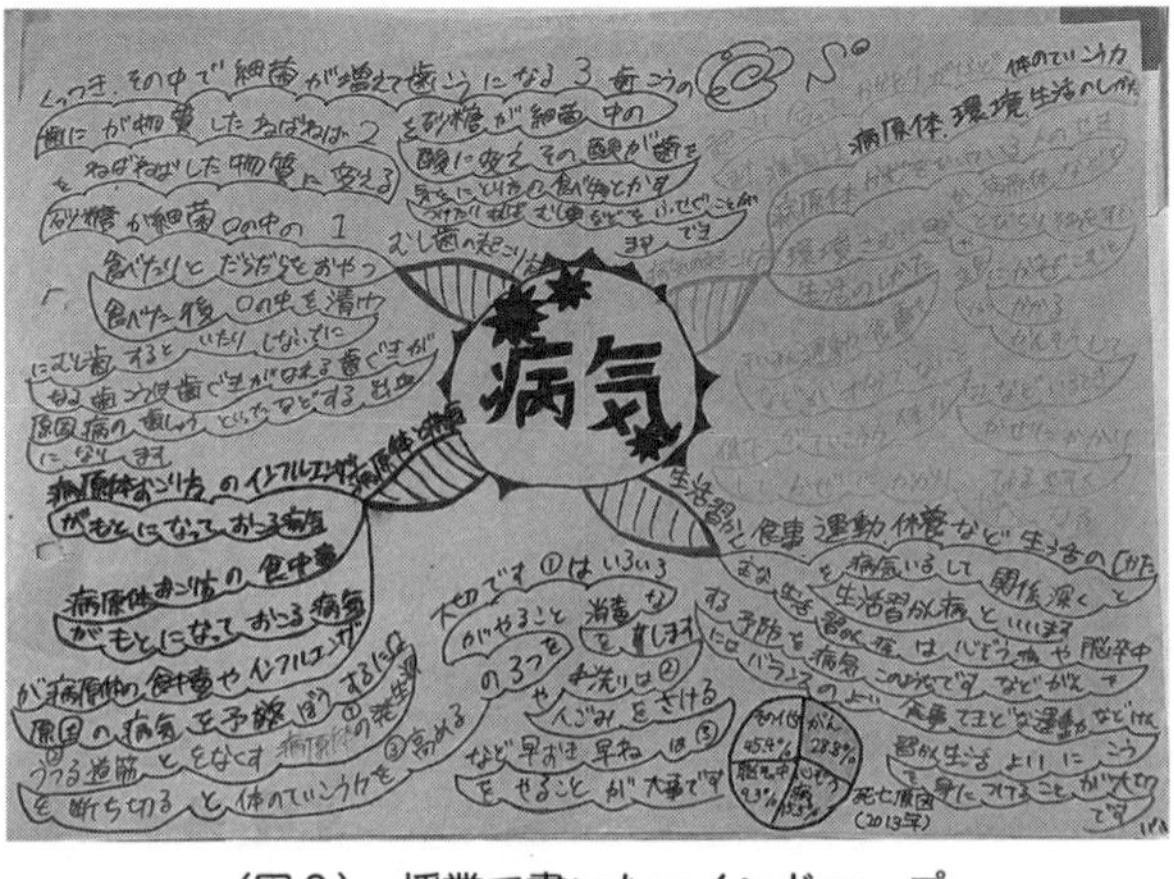

（図3）　授業で書いたマインドマップ

学級経営で大切にしていること

① 人間関係を固定しない～ゆるやかに関わる～

私は高学年を担任することが多いですが、高学年になると特定の友達と一緒にいることが多くなります。大事な友達がいるということは大切なことです。しかし、学級の中ではさまざまな人間関係が重なります。班が一緒になって話し合う、班で学習のまとめをする、体育のチームが一緒になる、掃除場所が一緒になる、……。それは自分たちで選ぶのではなく、偶然的な仲間です。そのときに、誰と一緒になっても学習が成り立つということが必要になります。

例えば委員会や調べ学習のテーマを決めるとき、「いつも一緒の友達」ではなく、自分がやりたいことで選ぶように話します。「仲の良い友達と一緒にいることはCゾーンですが、それでは成長しません。ストレッチゾーンに行くために、いろいろな友達と関わってみよう」と伝えます。また、席替えも頻繁に行います。週に一回やる年もあります。子供たちは席替えが大好きですが、全てくじ引きで決めます。そうやって、必然的にいろいろな友達と関わるようにしていきます。初めはうまくいきませんが、だんだん男女関係なく誰とでも、という雰囲気になっていきます。

ある児童が卒業後、手紙に「はじめは、男女仲良くとか、嫌だなと思っていたけれど、みんなと仲良くなって、男女関係なく遊ぶようになると楽しくて仕方なかった」と書いていました。また「低学年の頃は同じクラスでも、仲が良くなかった子が、高学年になってたくさん関わると、気が合うことが分かり、今では親友になった」と書いた子もいます。学習の中で、友達と関わり合い、そこから新たな発見をしていく。休み時間は自分の居心地のよい場所で、でも学習の中ではゆるやかにいろいろな友達と関わる、そんなクラスを目指しています。

ゆるやかに関わるという意味では、もう一つ大事にしていることがあります。それは、私が子供たちに対してゆるやかに関わる、です。具体的に言うと「ねばならぬ」をやめる、ということです。例えば授業中のトイレ。私は休み時間に行くようには声かけをしますが、授業中に行きたくなったときは、「トイレに行ってきます」と声をかけてから行くように伝えています。逆に「トイレに行ってきてもいいですか」と聞かれると「嫌です」と言います（笑）。トイレに行くことを、先生から許可してもらわないといけないのは、日本では当たり前の光景ですが、人間ですから、うっかり行きそびれることもあります。五分休憩に前の授業のことをやっていてトイレに行くことができなかった、他のことに気をとられていて行くのを忘れてしまった、そんなことは誰にでもあります。

忘れ物もそうです。私もうっかり忘れることが多くあります。ですから、忘れ物をしても学校にあるものは貸し出せばいいし、どうしても忘れてほしくないものは、あらかじめ伝えておきます。宿題もほとんど出しませんし、やってこなくてもあまり問いただしません。命の危険、周りへの迷惑行為は徹底的に話をしますが、そうでないものは、子供たちと話し合い、考えてもらいながら進めています。

学校にはいろいろなきまりがあります。「ねばならない」ことが多くなると、教室が冷えてしまいます。そのきまりを守ろうとすることは大切ですが、守ることの意義を見出し、考えて行動してほしいと思っています。子供たち同士も大人と子供も、ゆるやかに関わり合いながら学校生活を過ごしていけたらと思っています。

② Ｉ（アイ）メッセージを大切にする～子供たちと正面からぶつかる、本気になる～

私はよく、学年の終わりに子供たちに手紙を書いてもらいます。高学年が多いので、卒業前に書いてもらうことが多いのですが、その手紙の中でよく書かれているのが「先生は正面からぶつかってくれた」という言葉です。

私が子供たちに大事なことを伝えるとき、大事にしているのがＩ（アイ）メッセージです。以前アサーションの勉強をしたときに、子供たちへ伝える言葉をＹＯＵメッセージではなく、Ｉメッセージで伝えるとよい、と教わりました。

アサーションでは、相手を尊重しつつ、自分の言いたいことを伝えることが大事になります。例えば、子供が乱暴な言葉を使った場合に、「どうしてそんな言い方をするの。言われた相手の気持ちが分からないのかな。何回注意されたら分かるの」というのはＹＯＵメッセージです。主語が相手になるので、相手を責めるような形になります。

一方で「そういう言い方を聞くと悲しいな。嫌なことがあったら、それをちゃんと言えるように考えるよ。何があったのか聞きたいな」というのがＩメッセージです。主語が

「私」になるので、相手の心に伝わりやすいと言われています。

このとき、①状況説明＋②自分の気持ち＋③提案、で子供に伝えることを意識しています。例えば、準備がいつもできていない子がいた場合、

①「準備のできていないことが多いね」（状況説明）
②「先生は、とても悲しい気分だよ」（自分の気持ち・アイメッセージ）
③「一分待つから急いで準備しよう」（具体的な提案）

というように伝えます。必ずうまくいくわけではありませんが、経験的には子供たちに伝わることが多いです。

私は悲しいと思っている、嫌だなと思っている、嬉しいと思っている、と自分の気持ちを素直に表現することで、子供たちの心を動かすのではないかと思います。

そして、困り感のある子が教室にいた場合、まずはその子ではなく周りにいる子供たちを育てます。クラス全体にＩメッセージで私自身の気持ちを正直に伝えています。クラスのみんなに伝えたいことをまずは本気で伝えていく、そして周りにいる子供たちを温めて

いく。学級経営で大変なときにまずやることが、「周りを育てる」です。

温まった子供たちは、心の体力が冷たい子供たちを温めていきます。不思議と困り感のある子も落ち着いてきます。

そして子供たちには「みんながどんなことをしても、嫌いにはならない。やったことに対して嫌だったと伝えることはあるけれど、だからといってみんなのことが嫌いになることは絶対にない。担任の先生だからね」と話します。そうすると、子供たちが自分を隠さず話してくれるようになります。そして、これからどうしていけばいいのかを話し合いながら解決していきます。そんなときもホワイトボード・ミーティング®を活用しながら聞いていきます。すると、子供たち自身で解決策を考えられるようになります。子供たちからも「困ったときには、いつも話を聞いてくれた」と言われます。

③ オープンにしていく～言いたいことを言い合える関係をつくる～

クラスで何かあったときには、なるべくオープンにして話すようにしています。何かトラブルがあったとき、子供たちはだいたい分かっています。そして、何も言わずに知らないふりをしています。しかし、子供たちは分かっているのです。どういう解決をしたのか、これからどうしていくのか、知りたいと思っています。ですから、もめごとが起きたときには、そのことをオープンに話します。

例えば、ケンカがあったとき、話を聞くと原因だと思っていた子にはそれなりの理由があったり、私が見ただけでは分からなかったことがあったりします。周りで見ている人には分からない部分を伝えることで、互いを理解することができます。そして、それが安心につながる一つの要素だと思います。もちろん、内容によっては本人に了解を得て話します。みんなにも理解してもらいたい、そういう気持ちで話します。みんなに自分ごとにしてもらう。これは、経験上とても効果的だと思います。

私がオープンになることで、子供たちもオープンになります。友達同士も思っていることを伝え合っていい、分かり合えるまで話し合う、言いたいことを言い合える関係でありたいと思います。

また、先生方にも同じです。私は職員室で子供たちの困りごとをたくさん話します。愚痴のようになってしまいますが、困っていることはどんどん話します。そして、先生方に聞いてもらって、「そんなことがあったの？」と言ってもらうだけで気持ちが軽くなります。アドバイスを受けることも多くあります。若手の先生にも、「先生だったらどうする？」と聞き、なるほどと思ったことは実践します。その時間は決して暗い雰囲気ではありません。「わかる、わかる」「私もこんなことがあった」などと、明るい雰囲気で、みんなであれこれ話すことが大切です。

オープンにすることで先生方にも一緒に応援してもらえます。困り感を共有できる職員室は温かい職員室です。

若手の先生に、「困っていることを正直に話していいんだ」と思ってもらうことも大事なことです。その時間はとても貴重です。

④　教師自身が学ぶ姿勢を見せる〜教師の学びを子供に還元する〜

子供たちに「学びに向かおう」と言っておきながら、私たち教師は学んでいるでしょうか。私は教師が学ぶ姿勢を見せることはとても大事だと思っています。

私は自分で興味をもったことがあると、まずやってみようとします。そして、楽しいと思ったら納得のいくまで学びます。ホワイトボード・ミーティング®もPAもマインドマップもそうです。特にホワイトボード・ミーティング®は長く学び続けています。

資格が取れるものはきちんと学んで、資格を取ってから教えます。子供たちに教えるためにいい加減なことはできません。それは、その考え方や理念に対するリスペクトのようなものがあるからです。いい加減に知って「これがマインドマップだよ」「これがPAだよ」と言いたくありません（ホワイトボード・ミーティング®は、小中高等学校、特別支援学校の先生は、認定講師資格がなくても子供たちに教えることができます）。

やりたいことには夢中になってしまう、ということは性格上あるのかもしれません。やりたい！と思ったらすぐに行動、そしてその学びを子供たちに還元していく、このことを大切にしています。

学びに行くことで新たな出会いがたくさんありました。その出会いからさらに広がって、新しい学びにつながることもあります。今では日本全国に仲間がいて、オンラインで話すこともあります。日本にはこんなにたくさんの先生が学んでいるのだと思うと、刺激を受けます。

今、概念型探究について学んでいます。学んでいて楽しいし、実践してみると子供たちの成長が感じられる、そう思って学び続けています。ワクワクしながら学ぶ、それは子供たちと同じです。フェイスブックなどでつながっている仲間が紹介してくれた本を読んでインプットしたり、学校の先生方と一緒に本を読み合って語ったり、いろいろな学びが私を支えてくれています。

以前、子供から「先生も学びにいったりするんだね。先生が頑張っているのを見て、ぼくも頑張って勉強しようと思った」と言われたことがあります。学びは「楽しい！やりたい！ワクワクする！」からくることを、身をもって伝えることも大切なのだと思いました。

職員室でも先生方にいいと思ったものは伝えています。「楽しいよ！」という気持ちを伝えることで、先生方にも興味をもってもらえます。以前、校内研究でホワイトボード・ミーティング®に取り組んだことがありました。新しいことをみんなと一緒に学べる時間はとても楽しかったです。仲間と一緒に学ぶことはとても楽しく、充実していました。校内研究の楽しさや力を実感した一年でした。

教師が学ぶということは、もちろん授業の改善に通じています。私は高学年をしばらく受け持っていますが、毎年授業を考え、改善しています。

新しい教育を知り、取り入れることは大切です。お医者さんも、常に新しい医療技術を学んでいます。私たち教師も、常に新しいことを学びながら授業をしていくことが必要です。

保護者の声

吉岡学級をひと言で表現するならば「リビング」。

吉岡先生のクラス運営に興味をもち、学級づくりのお手伝いと授業見学を申し出た。吉岡先生のご尽力と学校関係者のご理解により、それは実現した。

まず、私が、ペアやグループ、あるいはクラスで、目標達成や課題解決を目指すアクティビティと呼ばれる活動を使って授業を実施した。内容の詳細は、本書に触れられているはずなので、そちらを参照していただければと。

授業後の休み時間。子どもたちは校庭や教室で、気の合う友達と、思い思いの時間を過ごしている。ドッチボールに興じるグループ、教室で穏やかに語り合う女子二人組、ひとり黙々と本の世界に没入している子。その場面だけを切り取ると、バラバラに見えるのだが、休み時間を終えると、どの児童も晴れやかな表情で、教室へ、自分の席へと戻ってくる。休み時間を堪能し、休み時間での出来事をおしゃべりしながら、指示があるわけではないが、各々、机から算数の教科書を取り出し、休み時間の楽しさの余韻を残したまま、自然な形で授業に入っていく。この日は、算数の授業を見学させてもらったが、吉岡先生が授業のねらいと課題を提示すると、児童は黙々と取り組み始める。塾で先取り学習している児童もいれば、教科書を読んで理解する児童、少しばかり困っている児童など、理解度の所在地は、多様な児童たちである。ところが、しばらくすると、困っている児童に声をかけたり、互いに声をかけ合って、仲間を募り、ホワイトボードを使って、自分の考え方を披露したり、自分が先生だったら、どう教えるかをイメージしながら、学び合いをしている。素敵だなと感じたのは、学び合いをやっている児童のペア、グループが、流動的であったこと。休み時間で過ごしていた関係性、つまり、普段から仲がいいとか趣味志向が似ているといったことを飛び越えて、誰とでもやり取りをしていたこと。そしてゲストで入ったはずの私も、気がつけば彼らに招かれ、一緒に学び合いの輪に加わっていたのだった。

それぞれが自由気ままに好きなように過ごしつつも、互いにそれを尊重し合う。だから、つい、教室にいたくなるし、戻ってきたくなる。吉岡先生と児童たちでつくり上げた居心地のよい、安心安全のある教室。私が吉岡学級を「リビング」と称したくなったのは、そんな理由である。

佐藤　順子

子供たちの声～振り返りジャーナルから～

◎ホワイトボード・ミーティング®はとてもいいと思います。みんなの前では恥ずかしくてしゃべれなくても、ペアトークだとしゃべれるし、みんな「うんうん」とか相づちをうってくれるので、話しやすいからです。意見もさらさらと出てきて、たくさん話せます。男女でやるのも、最初は気まずかったけれど、だんだん仲良くなると大丈夫になります。中学校でもやってきたいと思います。

◎ホワイトボード・ミーティング®をやってきて、人との会話がはずむようになってきました。友達が話すときに、無意識に「うんうん」とかいいながら、前より聞き上手になっていると思います。話すのに大事なのはやっぱりエピソードだと思います。エピソードを聞くと、その情景が浮かんで、聞いている人も内容がよく分かると思います。中学校でも人との会話を大切にしたいです。

◎私は、楽しかったというか、気持ちが整理できてよかったです。話すことで「自分はこんなことを考えていたんだ」と思うときも少なくありません。思ったことをふくらますこともできるようになりました。感謝しています。

第2章

ホワイトボード・ミーティング®を実践する

ホ　ワイトボード・ミーティング®の基本的な進め方

私がホワイトボード・ミーティング®を始めるときに、最初に子供たちへ伝えるのは「心の体力」の説明です。なぜみんなはこれからホワイトボード・ミーティング®をやっていくのか、しっかりと説明をします。「聞いて書く」ということが、お互いを承認し、自分を認めてもらえているのだと実感することがとても大切だと話します。そして、「ホワイトボード・ミーティング®を練習していくと、みんながファシリテーターになれます。ファシリテーターは、言語活動（コミュニケーション）を育みながら、豊かな話し合いや学びの場をつくる進行役のことです。みんながファシリテーターになれると、学びが楽しくなり、クラスの雰囲気も温かくなるんだよ」と話します。

そして、オープン・クエスチョン（質問の技カード）の練習をしていきます。「この質問の技カードは、話し合いが上手になるための魔法の言葉です」と説明して、覚えてもらいます。何度も一緒に唱えて、暗唱できるようにしますが、毎日一回唱えていくと、低学年でも二〇回ぐらいで覚えて使えるようになります。

① 第1ステップ

ホワイトボードを一人一枚渡します。ホワイトボードマーカーは三色「黒・赤・青」を配ります。百円ショップの五本セットのマーカーが鉛筆と同じ太さで書きやすいです。

そして、「好きな食べ物というと？」と聞いてホワイトボードに書いてもらいます。書いたものを「ダダン！」と頭の上に出してもらい、教師が全員の書いたものを読み上げます。教師が読み上げることで、一人ひとりの意見が認められたと感じることができます。

これをホワイトボード・ミーティング®では、「意見表明」といいます。この方法は、クイズに答えてもらうときや、何か考えを書き、発表するときにも使います。手を挙げた児童

だけが発表するのではなく、全員の意見を読むことができる方法です。繰り返し使うことで教師と子供たちの心をつなぐ大事な時間になります。全員の意見を読み上げることが「認めてもらった」の第一歩です。

次に、ペアでミニホワイトボードに書いたことについて二〜三分話し合います。お互いがバランスよく話せるよう伝えてから話します。テーマはなるべく簡単で話しやすいものがよいです。慣れてくると、話しているときに笑顔が増え、温かい雰囲気になっていきます。朝の五分を使うだけでも効果があります。これを繰り返し、次のステップへ進みます。

② 第2ステップ

次のステップは「質問の技カード」（後掲、p.62）を使ったペアトークです。オープン・クエスチョンという九つの質問と八つの相づちを使って話していきます。ホワイトボード・ミーティング®では、このオープン・クエスチョンだけを使って話を聞いていきます。

この質問の技カードは、話し手が話したいことを話せるような仕組みになっています。聞き手が聞きたいことではなく、話し手が話したいことを話すのが、ホワイトボード・ミーティング®の特徴です。ですから、「聞いてもらえた」という気持ちになるのです。

まず、子供たちに印刷した質問の技カードを配り、ミニホワイトボードの裏に貼ります。

そして、次のように説明します。

「この質問の技カードは、これからペアトークをしていくときに、必ず使う魔法のカードです。ここに書いてあるオープン・クエスチョンは、話し手が話したいことを気持ちよく話せるための質問です。私たちは、インタビューする際に「誰と行ったのですか」「どうしてそうしたのですか」などと、自分たちが聞きたいことについて質問をすることがよくあります。しかし、話し手はそのことについて話したくないかもしれません。オープン・クエスチョンを使うと、自然と話したいことが話せるようになります。また、話の内容が深まっていくので、聞いていくうちにたくさんの情報が分かります。オープン・クエスチョンを使って、インタビューの達人になろう」

そして、オープン・クエスチョンを一緒に唱えていきます。オープン・クエスチョンはその後、何度も唱えながら練習し、見ないでも言えるようになることを目標にします。チェック表を作成し、二〇回唱えたら、検定試験を実施し、見ないで言えるかをチェックします。合格したら新しい質問の技カードをプレゼントすることもあります。

みんなでファシリテーターになろう！

ホワイトボード・ミーティング®

質問の技カード

オープン・クエスチョン	あいづち
1 ～というと？	1 うんうん
2 どんな感じ？	2 なるほど、なるほど
3 たとえば？	3 わかる、わかる
4 もう少し、詳しく教えてください	4 そうなんだあ
5 具体的ににどんな感じ？	5 へえ
6 どんなイメージ？	6 だよねえ
7 エピソードをおしえてください	7 それで、それで
8 なんでもいいですよ	8 そっかあ
9 他には？	

クローズド・クエスチョン

数量や固有名詞など

参考文献・データページ（p.12）にQRコードがあります。
ご活用ください。

上手に話せるようになったら、今度は「聞いて書く」を始めます。ファシリテーター役の児童は、オープン・クエスチョンで聞きながら、友達が話したことをホワイトボードにどんどん書いていきます。

「聞いて書く」では、発散、収束、活用という三つの段階で話を進めていきます。

「発散」

オープン・クエスチョンを使って、聞きながら書いていきます。相手の話を要約せずにどんどん書いていきます。聞いたままに書いていくことがポイントです。これはホワイトボードマーカーの黒で書いていきます。

「収束」

これは話し合いの軸を決めて構造化していく段階です。「いいこと一つ、困っていること一つ」や「一番大切にしたこと」「よいと思ったアイデア」「大事なポイント」など、そのときの話題や内容に応じて何にするか決めていきます。赤で線を引いたり、付け加えで書いたりしていきます。

「活用」

「これからどうしたいか」「どうなったらいいと思うか」「役割分担」「スケジュール」「まとめのメッセージ」など、これからどのように活用していくかを青で書いていきます。

この「発散」「収束」「活用」の問い立てを何にするかが大切になってきます。ファシリテーションの六つの技術の中の「クエスチョン」です。

慣れてくると「うんうん」「なるほど」「わかるわかる」などと、相づちをうちながら聞き、そして書くことができるようになっていきます。

書いたことは、話した友達が読んでフィードバックします。自分が話した内容を改めて友達が話してくれると、心がくすぐったいような、幸せな気持ちになります。このフィードバックがとても大事で、この時間が一番温かい雰囲気に包まれ、承認し合う関係が育まれます。

ペアトークは、話しやすいテーマで練習していきます。「好きな食べ物」「好きな遊び」「好きなお菓子」など、子供たちが話しやすいテーマを設定することが大切です。

これを定期的に続けるだけでも、クラスはぐっと温まります。

オープン・クエスチョンには「エピソードを教えてください」という質問があり、必ずこの質問はします。エピソードを語ることで、分かりやすい情報共有ができ、話の内容も深まります。

この「聞いて書く」は、初めはうまくいかないことが多くあります。書くのが苦手な児童や相手が話すペースについていけない児童、話すことが分からずに黙ってしまう児童、様々な問題が出てきます。しかし、「子供たちには力がある」と信じて、初めの頃は「書けなくて当然、書ける範囲でいいし、話す人はちょっと待ってあげてね」「話せないときは待ってあげてね。だんだん話せるようになっていくから、焦らずやっていこう」と話します。

以前、場面緘黙の女の子がいましたが、ペアトークの時間はオープン・クエスチョンを指さしながら「聞いて書く」をしていました。自分が話すときも、相手の子が「話せなくてもいいよ」という雰囲気を出すことで、安心してその場にいることができ、二学期の途中くらいからだんだんと話せるようになった、ということがありました。

③ 第3ステップ

「聞いて書く」に慣れてきたら、授業の中で活用していきます。大きなホワイトボードにも挑戦し、グループでの合意形成や役割分担など、さまざまな場面で使えます。考えをまとめるときにも有効です。また作文など文章を書く際にも、自分の考えを発散してから書けるので、「書けない」という子が出ません。下書きを書くときに何も書けずに困ってしまう児童がいませんか。ホワイトボード・ミーティング®を活用すると、話すことができれば、友達が書いてくれるので、ホワイトボードを見ながら書くことができます。

こんなこともします！

私はよくエピソードだけを書く「エピソードドリル」をします。例えば、自分が好きな食べ物についてのエピソードだけを書きます。ホワイトボード・ミーティング®では、エピソードは次の三つで構成されると規定されています。

① 事実（どんなことがあったのか）
② 関係性（事実と感情をつなぐ関係）
③ 感情や意見（そのときにどう思ったか、考えたか、など）

ある瞬間の出来事を切り取って話すと、より分かるエピソードが書けるようになります。

子供たちが書くエピソードは、とても面白いです。よいエピソードをモデルとして私が話しますが、子供たちの中からよいものが出たときにはみんなに紹介していきます。

実践例1　行事や授業の振り返り

行事や授業の後に振り返りをする際に、ホワイトボード・ミーティング®を使って書きます。学期の終わりなどにも、ペアトークをしてから振り返りを書くと、内容が深まります。

二学期の振り返りの例

発散　二学期どうでしたか（四分）
収束　よいこと一つ、困っていること一つ（一分）
活用　三学期どうしたいですか（一分）

ホワイトボードに書いたことをもとに、振り返りを書いていきます。ホワイトボードがあるので、何を書けばいいのか分からない子がいません。黙々と書く時間になります。

ホワイトボードを見ながら黙々と書いている様子

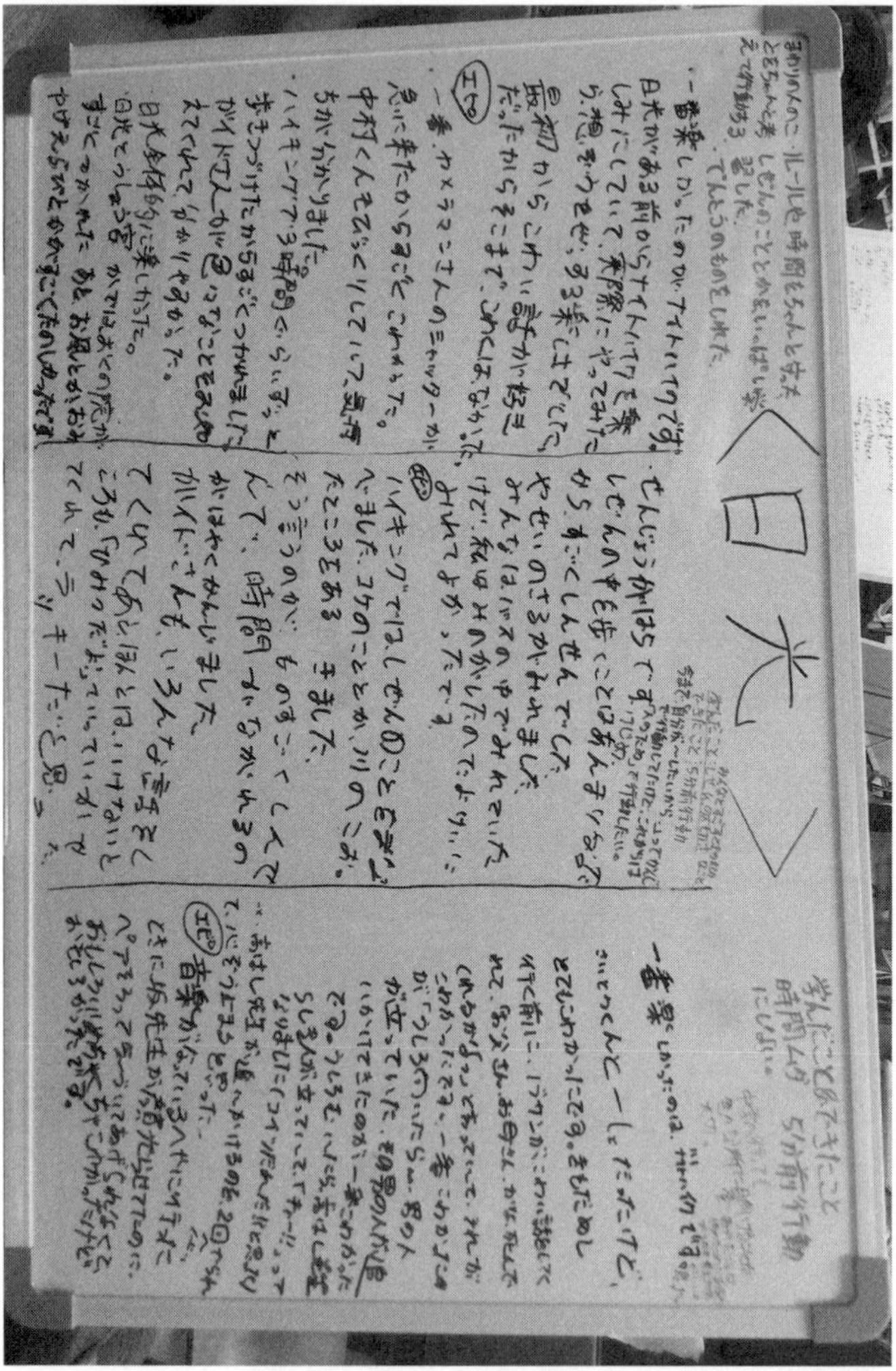

大きなホワイトボードいっぱいに書いた行事の振り返り

私は体育の授業でもよくペアトークをします。例えばバスケットボールの授業で、「友達のよいところを見つける」というめあてだった場合、「友達のよいところというと？」という発散で三分程度話します。合計で六分。その後に全体で共有したり、写真に撮って振り返りジャーナルに詳しく書いてもらったりしています。

学習カードも有効ですが、ペアトークだと、たくさんの情報が集まるので、評価がしやすくなります。今では、一人一台のタブレットで写真を撮り、課題として提出してもらうこともできます。

慣れてくると三分でもかなりの量の振り返りができるようになります。

実践例2　国語6年「みんなが楽しく過ごすために」（光村図書）

国語の授業では、報告書を書く単元や、話し合いで企画する単元など、様々な授業で活用することができます。何かを話し合って企画する、みんなの意見をまとめて合意形成する、物語や説明文を読んで自分の考えを話す、など、さまざまな取り組みができます。ホワイトボード・ミーティング®は時間が決まっているので、タイムマネジメントしながら、時間内で話すため、見通しももちやすく、活用しやすいツールです。

単元の目標

【思】

・目的や意図に応じて、日常生活の中から話題を決め、集めた材料を分類したり関係付けたりして、伝え合う内容を検討することができる。

・互いの立場や意図を明確にしながら計画的に話し合い、考えを広げたりまとめたりすることができる。

この単元では、縦割り班活動の企画として話し合い、学活と併せて行います。どんな遊びをしたらいいのかを話し合い、合意形成していく活動です。企画会議という手法を使って行います。また、縦割り班活動は年に数回あるので、何度も行います。縦割りロング集会という、一時間遊ぶようなときにも最適です。

授業の流れは次の通りです。

「みんなが楽しく過ごすために」単元計画

一時間目　縦割り遊びについて話し合うための目的や条件について話し合い、話し合いの方法を知る。

二時間目　縦割り遊びの内容について企画会議を行う。
～　（ホワイトボード・ミーティング®）

五時間目　学習の振り返りをしたり、「伝えにくいことを伝えよう」を読み、話し合いがうまくいかないときの対応方法を話し合う。

※縦割り遊びが年間数回あるので、話し合いを全てこの単元で行う。

① 一時間目　話し合う目的について話し合う

教科書には「一年生と遊ぶ」というテーマがありますが、この単元では縦割り遊びの企画を立てることを話します。そして、話し合いの目的や条件について話し合います。目的は「一年生から六年生まで楽しめる」や、「みんながお互いのことを知り合う」など、条件は「時間」「場所」「学年構成や人数」などを子供たちと共有します。

次にホワイトボード・ミーティング®の「企画会議」の方法について説明します。

大きなホワイトボードにモデルを示し、説明します。

〈たてわりあそび〉

鬼ごっこ
みんなが楽しめる。時間も決められる。場所を決めたり、ゼッケンを着たりして、分かるようにする。走るのが苦手な子をどうするか考えたい。前に鬼ごっこをしたときに、ずっと鬼になってしまい、困った。
ペアが助けると復活できる

みんなが楽しめるドッジボールがしたい。ドッジボールは、当たった人がそのままずっと外野のことがある。低学年が戻れるルールを作りたい。高学年とペアでできないか。前に当たってからずっと外野で、ボールももらえずつまらなかった。
ひまだと楽しくない

３色おにをやりたい。ルールを工夫して、分かりやすく説明したい。チーム対抗なので、チームの人と仲良くなれそう。**助ける！**前にやったときに、ルールが分からなくてケンカになったことがある。ちゃんと確認することが大切だと思った。
□鬼ごっこ
□チーム分け（Ｂさん）
□ルール説明（Ｃさん）
□全体の指示（Ａさん）

※――（下線）は赤、□のところは青で書く。

② 二時間目～企画会議で話し合う

縦割り班のメンバーで話し合います。

縦割り班活動で遊ぶ内容

発散　どんな遊びをしたいですか（一人三分）
収束　よいアイデアや大切にしたいこと（五分）
活用　具体的な計画（五分）
※時間は実態に合わせて変えます。

発散

縦割り遊びでやりたい内容について、また班のみんながどんなふうに遊んでほしいかについて自分の意見を出していきます。エピソードまで話すと、情景が思い浮かぶので、情報を共有しやすくなります。

収束

「収束」では、友達の意見でよいアイデアや、みんなが大切にしたい考え方に赤線を引いていきます。意見が出れば付け加えます。国語の教科書にあるように、「共通点と相違点」に着目して話し合うことも大切にします。そうすることで、話し合いの方向性が決まってきます。このとき、ルールや時間など、具体的に決めていきたいときは、時間を十分にとって話し合えるようにします。私は、ここで一〇分程度時間をとることもあります。

活用

活用では、具体的に決まったこと、分担を青で書いていきます。分担まで話し合うことが大事です。

準備をする

話し合いで決まったら、準備をします。これは学活で時間をとるときもありますが、隙間の時間に行うこともあります。

振り返り

縦割り遊びが終わったら、振り返りジャーナル（第3章参照）に振り返りを書きます。次の縦割り遊びに活かせるように、話し合うときもあります。

この活動を六年生では繰り返し行います。

縦割り遊びの話し合いを全て学活の時間にするのは難しく、簡単に話し合って決めてしまっても残念な縦割り遊びになっています。話し合って書いたホワイトボードを互いに見合う時間をとると、次の話し合いの参考になります。

実践例3　国語5年「きいて、きいて、きいてみよう」友達紹介（光村図書）

国語の友達紹介の単元です。友達とインタビューし合って、その友達を紹介するスライドを作成します。ホワイトボード・ミーティング®とICTを組み合わせた実践です。

単元の目標

【思】

・話し手の目的や自分が聞こうとする意図に応じて、話の内容を捉え、話し手の考えと比較しながら、自分の考えをまとめることができる。
・目的や意図に応じて、日常生活の中から話題を決め、集めた材料を分類したり関係づけたりして、伝え合う内容を検討することができる。

授業の流れは次の通りです。

「きいて、きいて、きいてみよう」単元計画

一時間目　ペアトークの練習をする。（お題は自由）
二時間目　私の構成要素を書いて、何について話すかを決める。
三・四時間目　三人組でインタビューをする。（ホワイトボード・ミーティング®）ノートに感想を書く。
五・六時間目　スライドの作成（スライドではなく作文にすることもできる。）
七時間目　発表会

①一時間目（省略、実践Ⅰを参照）

② 二時間目　わたしの構成要素を書く

まずは、私の構成要素を書きます（図4）。

これは、自分の好きなことや得意なことなどについて書いていきます。

私の構成要素は、オープン・クエスチョンを使いながら書き進めていきます。

第一階層の「私」から始まります。「私というと」で第二階層を書いていきます。例えば、野球が好き、食べることが好き、音楽が好き、などです。

次に「もう少し詳しく教えてください」が第三階層です。「野球が好き」について詳しく書いていきます。「娘が女子野球をしている」「クラスの子供たちの応援にいく」「野球をするのも好き」などと書いていきます。

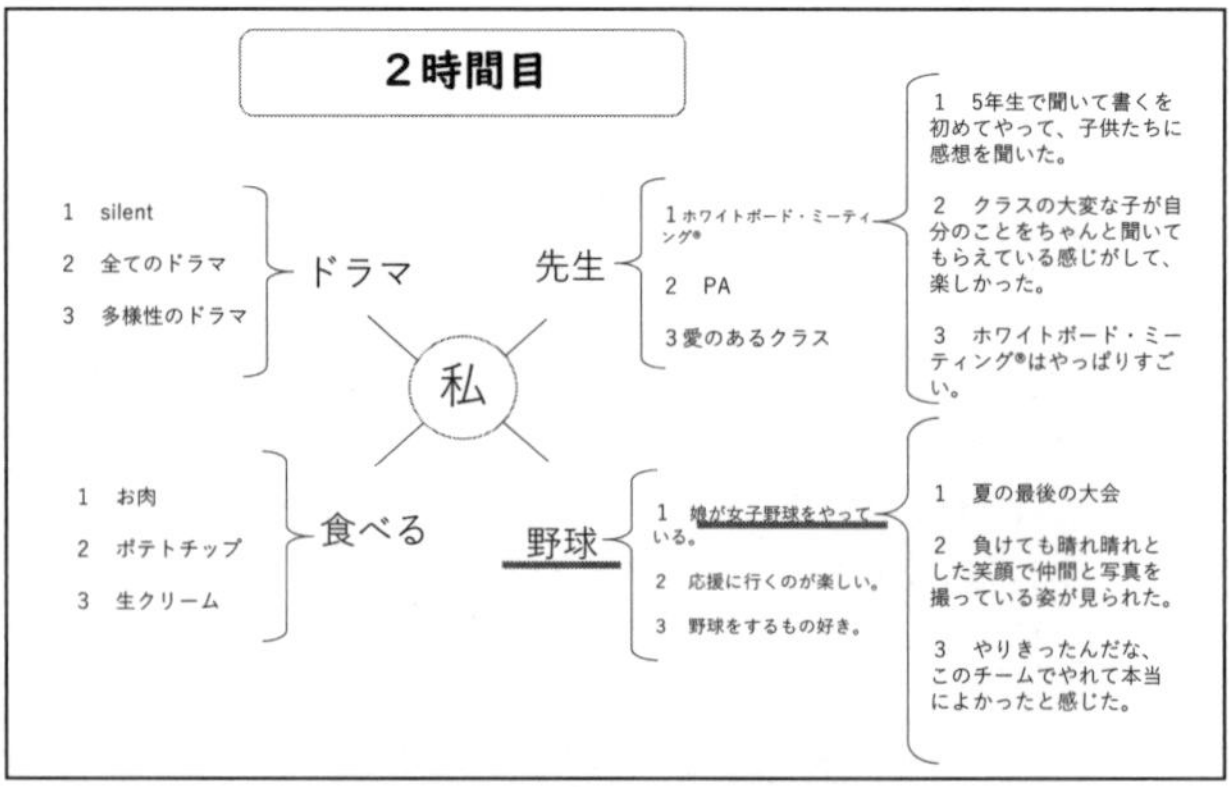

（図4）　私の構成要素

そして、最後に「エピソードを教えてください」が第四階層です。これは、第三階層で書いたことから一つ選び、そのことについてのエピソードを書きます。

書き終わったら、その中から一つ、インタビューしてもらう内容を選びます。自分が話す内容が決まったら、次の時間へ進みます。

③　三・四時間目　聞いて書く

次に、三人グループで、交代しながらインタビューしていきます。三人いるので、一人が話す人、もう一人が書く人、そしてオープン・クエスチョンで聞く人に分担します。

書くことが難しい児童がいる場合には、オープン・クエスチョンで聞くことを頑張ってもらい、得意な人が代わりに書くこともあります。

友達へのインタビュー

発散　話したいテーマ（四分）
収束　一番伝えたいこと（一分）
活用　これからどうしたい？どうなったらいいと思う？（一分）

全員が話し終わったら、ホワイトボードに書いてもらった内容を自分のタブレットで写真を撮り、保存します。

インタビューが終わったら、友達の話について、なぜそう思ったか、考えたか、感想をノートに書きます。

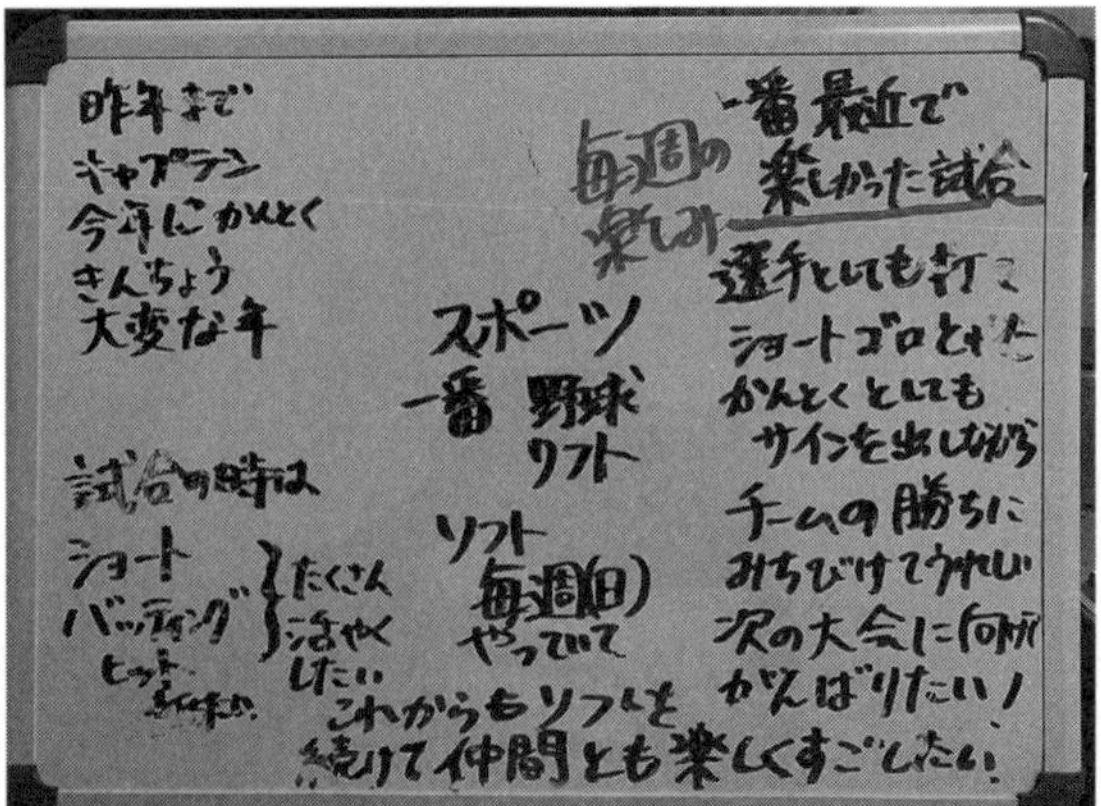

④　五・六時間目　スライド作り

感想が書き終わったら、ホワイトボードに書いてある発散、収束、活用を使ってスライドを作ります。書いてあることをまとめるので、誰でも取り組むことができます。

①

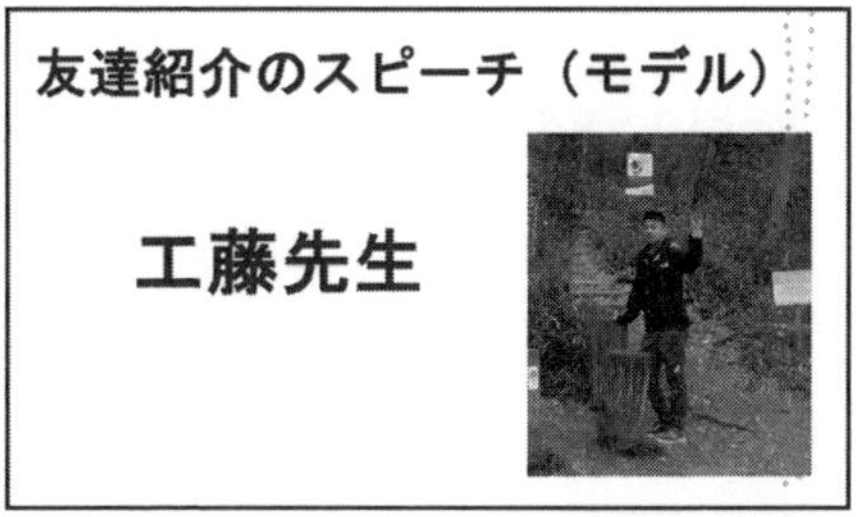
友達紹介のスピーチ（モデル）
工藤先生

これから、〇〇先生について紹介します。

②

ソフトボールが好き！
ソフトボールのキャプテンをやりながら監督をやっている。ショートをしながらバッティングも活躍したい
毎週（日）の楽しみ

〇〇先生はソフトボールが好きで、チームのキャプテンと監督をしています。これが毎週の楽しみだそうです。

発散・収束・活用がそのまま使えます。
アレンジしたい子は自分で工夫します。

スライドの例

③

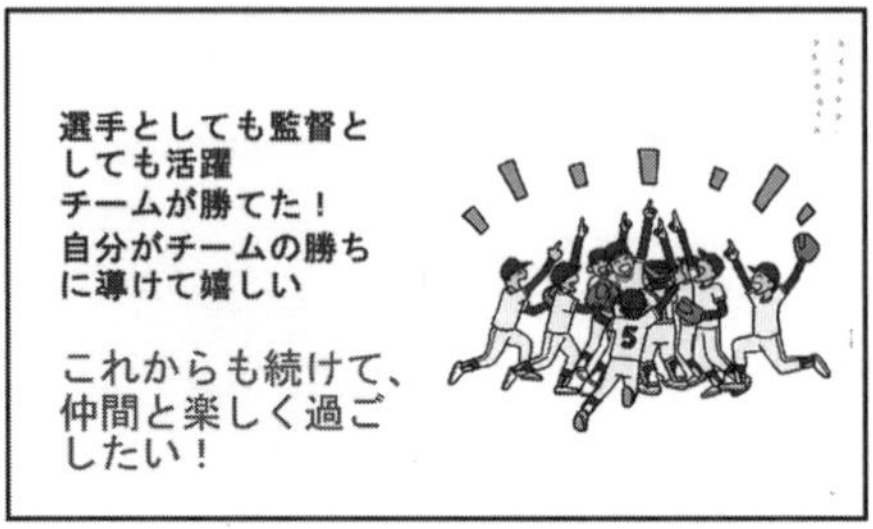
選手としても監督と
しても活躍
チームが勝てた！
自分がチームの勝ち
に導けて嬉しい
これからも続けて、
仲間と楽しく過ご
したい！

選手としても監督としても活躍し、チームが勝てたときが、とても嬉しかったそうです。次の大会も頑張りたいと言っていました。

④

他にも、ラーメンやパソコン、サウナに入ることが好きだそうです。

⑤

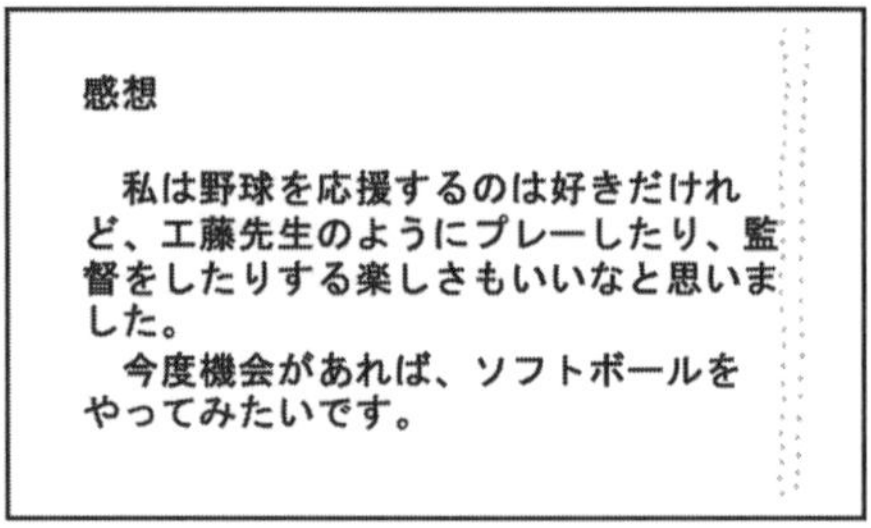
感想
私は野球を応援するのは好きだけれど、工藤先生のようにプレーしたり、監督をしたりする楽しさもいいなと思いました。
今度機会があれば、ソフトボールをやってみたいです。

⑤　七時間目　発表会

スライドを見せながら発表会をします。友達の新しい部分が発見できたようです。

実践例4　家庭科5、6年　調理実習の役割分担会議

調理実習のときには、班ごとに役割分担をすると思います。班で話し合っても、調理実習当日になるとうまくいかず、先生があれこれと説明しながら進めることはありませんか。私も調理実習のときは、班を回りながらあれこれと指示を出すことが多かったです。この役割分担会議は、調理実習の前に、準備から調理方法、片付けまでの流れを確認し、役割分担をします。手順や必要な道具、そして役割まで全員で確認できるので、調理実習当日はホワイトボードを撮った写真を見ながら、子供たちだけで調理を進めることができます。

役割分担会議の前に、全体で調理の流れを確認します。私の場合、調理会社（第3章で紹介）にお願いして説明してもらい、その後話し合いを始めます。初めはうまくいかなくても回数を重ねるごとに上手になり、調理実習がスムーズに進みます。五年生は、ゆで野菜やご飯を炊く調理があります。簡単なので、役割分担会議の導入としてやりやすいです。

①　役割分担会議の進め方

発散

ホワイトボードの左側半分に、手順や必要な道具など、教科書を見ながらグループで出していきます。

初めてのときは、全員で一緒に進めてもいいと思います。慣れてきたら、子供たちで進められます。このとき、テーブル拭きやコンロの準備など、教科書に載っていないことも付け足していきます。

発言は一人の子がどんどん意見を言うのではなく、一人一個ずつローテーションで意見を出していくことが大切です。

〈みそ汁〉

コンロの準備・なべ・はし
テーブル拭き・さいばし
包丁・まな板・おわん
お玉・とうふ・わかめ
かつおぶし・だしをとる
鍋に水を入れる・油揚げ
とうふ切る・油揚げ切る
みそをとく・コンロ片付け
食器洗い・食器ふき・しまう
最後のテーブル拭き

教科書を見ながら、必要な道具、手順を書いていく。途中で書く人（ファシリテーター）が交代してもよい。

収束

右半分は、仕事内容を分けるため、時間軸として「準備」「調理」「片付け」の三つを赤で書きます。

次に、発散で書いた内容を右側に移していきます。このとき、書いたものは、発散の項目に青色のマーカーで○をしていき、残っているものがないようにします。

ファシリテーターの一人は右側に書いていく人、もう一人は青で○を付けていく人になります。もちろん、ファシリテーターも一緒に話していきます。

□1コンロの準備　□2テーブル拭き

のように、チェックボックスを書いていきます。

〈みそ汁〉

コンロの準備・なべ・はし
テーブル拭き・さいばし
包丁・まな板・おわん
お玉・とうふ・わかめ
かつおぶし・だしをとる
鍋に水を入れる・油揚げ
とうふ切る・油揚げ切る
みそをとく・コンロ片付け
食器洗い・食器ふき・しまう
最後のテーブル拭き

準備
□1コンロの準備
□2テーブル拭き

調理
□1だしをとる
□2鍋に水を入れる
□3とうふ切る

片付け
□1食器洗い
□2食器ふき

活用

最後に役割分担を決めます。一つ一つの作業を誰がやるのか、立候補制で決めます。収束で書いた項目の後ろに青のマーカーで（〇〇さん）と書いていきます。決まったら、準備のとき、調理のとき、片付けのとき、それぞれで仕事が偏っていないかを確認して、ＯＫが出たら写真を撮ります。

調理のときに、やってみると暇な子が出てしまう場合があります。そんなときは、臨機応変に声をかけ合って一緒にやったり、使った道具を平行して洗ったりするように声かけをしていきます。

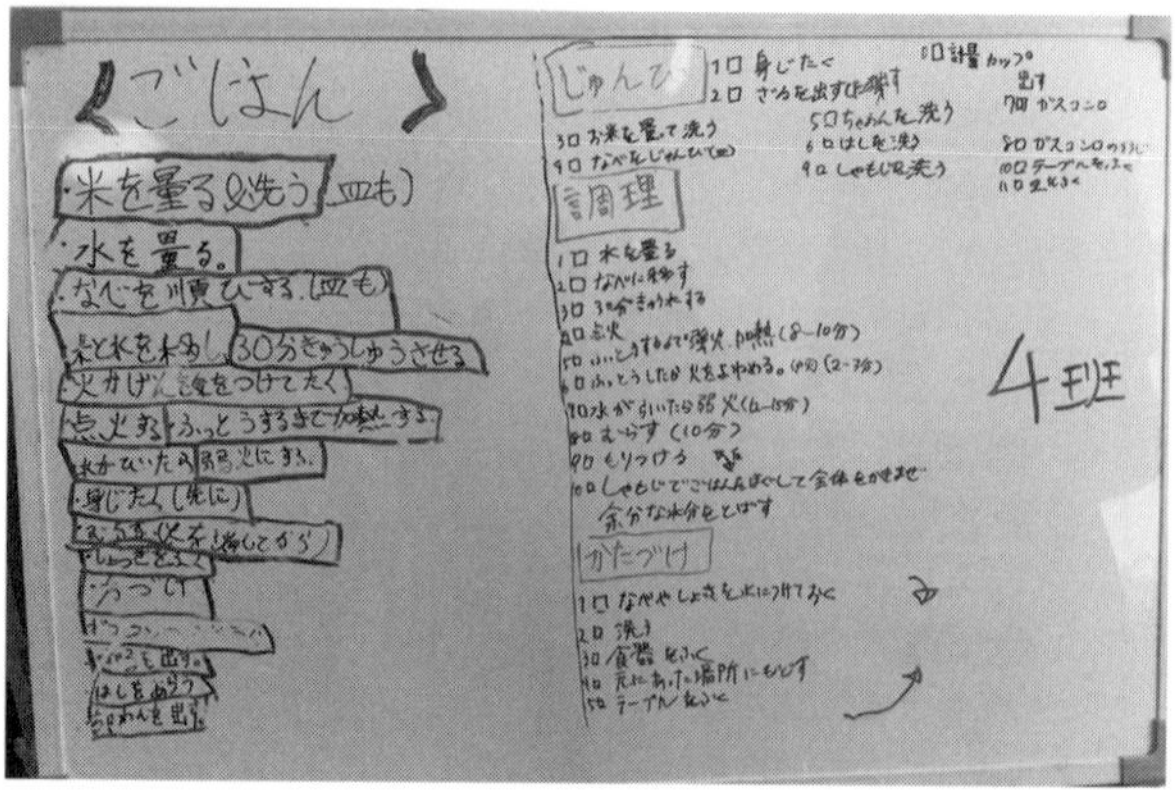

調理実習当日は、ホワイトボードの右側だけを印刷して、カードケースのような濡れないものに入れ、班のテーブルに置きます。こうすると、本番で教師があれこれと声をかけなくても、子供たちだけで進めていけます。そして、何か変更があれば、自然と自分たちで相談して進めることができます。

以前、授業参観で調理実習を行ったときに、保護者から「今まで見た調理実習と違って、先生がほとんど何も言わずに子供たちだけで進められていて、びっくりしました」と言われたことがあります。私も以前は家庭科ノートの計画シートに書いて実習を行っていましたが、私があれこれと指示を出していました。子供たちだけで進められる役割分担会議は、おすすめです。

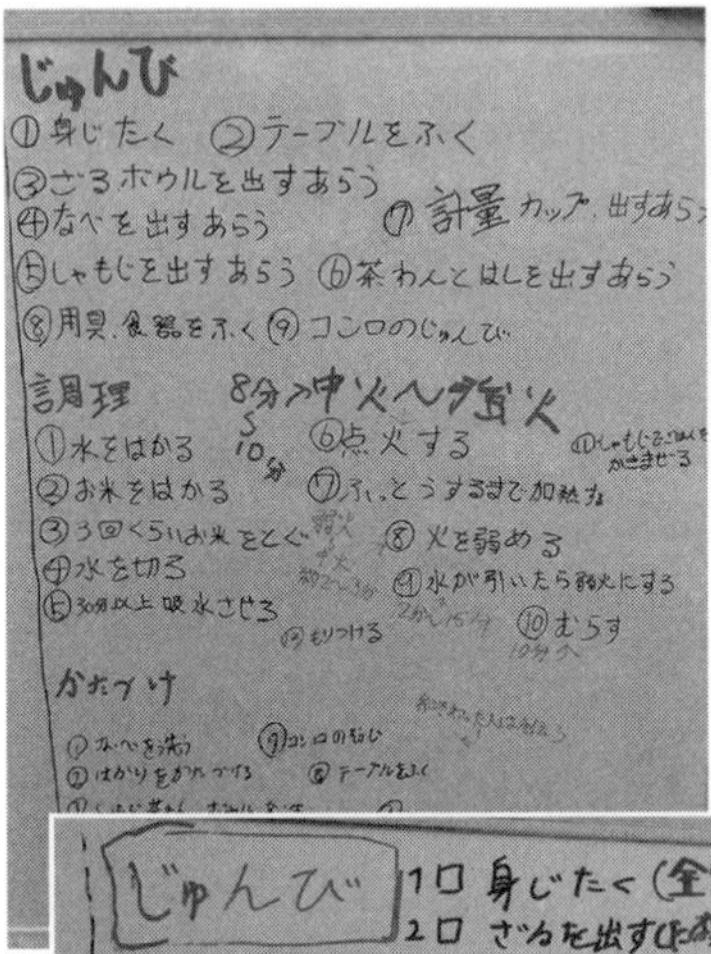

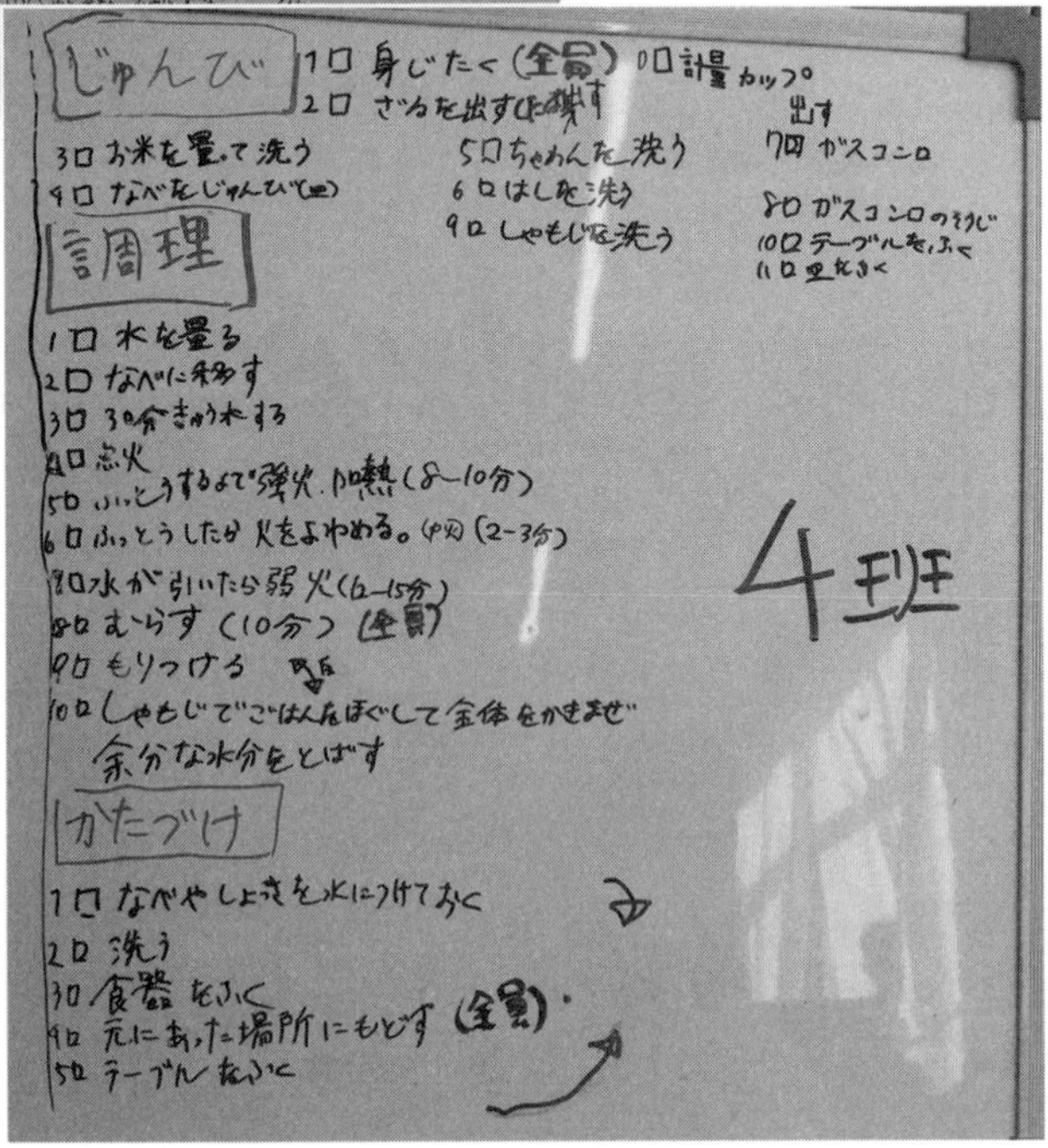

子供たちが書いた
ホワイトボード

実践例5　家庭科5年「ものを生かして住みやすく」（東京書籍）

家庭科の掃除の題材の導入部分です。教科書にお道具箱の整理整頓が載っています。

【知】整理・整頓の仕方を適切にすることができる。
【思】整理・整頓やそうじの必要性が分かり、自分の工夫を伝え合おうとしている。
【学】課題の解決に向けて主体的に取り組んでいる。

「ものを生かして住みやすく」題材計画

一時間目　整理整頓の必要性について話し合う。
二時間目　お道具箱を整理整頓し、工夫したことをメモする。（ＩＣＴ）
三時間目　自分が工夫したことや、一週間使ってみて、気づいたことを話す。
（ホワイトボード・ミーティング®）

①一・二時間目

教科書の扉の写真を見て、困ることは何か、またどう改善したらよいかを話し合います。整理と整頓の意味について考えます。

自分のお道具箱の整理整頓をします。はじめに整理整頓する前のお道具箱の写真を撮ります。仕切りを作ったり、置く場所を考えたりしながら自由に活動します。

終わったらきれいになったお道具箱を写真に撮り、スライドに「自分の課題」と「工夫したこと」をメモしていきます。ワークシートをデータで配布して、作成します。これもICTとの組み合わせを活用した実践です。

一週間後に次の授業をし、使ってみてどうだったかを話し合います。

・自分の課題

・工夫したこと

② 三時間目

整理整頓をするときに工夫したことや、一週間使ってみてどうだったかについて話し合います

ペアで話したことをグループで共有します。書いたホワイトボードは写真を撮ってスライドの二ページ目に貼り付けます。「持続可能か」「使いやすいか」「定期的な見直し」などの視点を共有して、まとめをします。

整理整頓の工夫について

発散　自分が工夫したことや一週間使ってみてどうだったか（四分）

収束　よかったこと一つ、困っていること一つ（一分）

活用　これからどうしたい？どうなったらいいと思う？（一分）

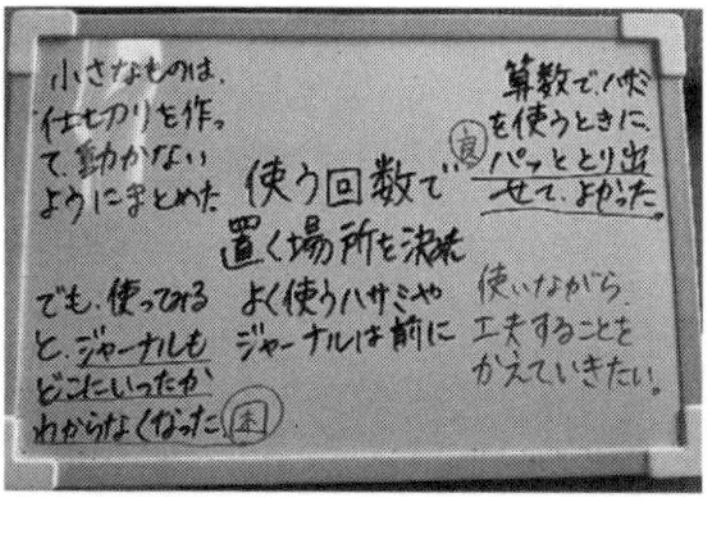

実践例6　体育（保健）6年　病気の予防

六年生の保健の授業では、前半で病気の予防について学習し、後半で飲酒・喫煙・薬物などについて学習します。ここでは前半の病気の予防についての取り組みを紹介します。

単元の目標

【知】病気の予防について理解している。

【思】病気を予防するために、課題を見つけ、その解決に向けて思考し判断するとともに、それらを表現している。

【学】健康・安全の大切さに気づき、病気の予防についての学習に進んで取り組もうとしている。

授業の流れは次の通りです。

病気の予防　単元計画
一・二時間目　病気の起こり方について知る。病気には病原体によるものと、生活習慣によるものなどがあることを知る。
三時間目　虫歯について知る。
　　　　　自分の課題について考える。
四時間目　自分の課題を解決するために、できることを考える。
　　　　　（ホワイトボード・ミーティング®を活用）

①一・二時間目

病気はなぜ起こるのか、その原因について学習します。ここでは教科書を中心に読み進めていきます。私は会社活動で保健会社（第3章参照）の子たちに説明してもらうことが多いです。ここで、生活習慣病について学び、どんな生活をすることが望ましいのかを押さえることで、次時につなげます。

② 三時間目

虫歯について学習します。虫歯も生活習慣と大きな関わりがあることを学習します。授業の後半で、自分の生活を振り返り、病気の予防について自分の課題を見つけます。項目としては、①バランスのよい食事、②適度な運動、③だらだら食べ、など九項目の課題を出し、選べるようにします。

③ 四時間目

課題解決の話し合いの時間です。本来は、自分の課題をどう解決しようかと考えますが、この授業では自分が日頃できていること（例えば、適度な運動をしている、とか手洗い、うがいはきちんとやっている、など）について、ど

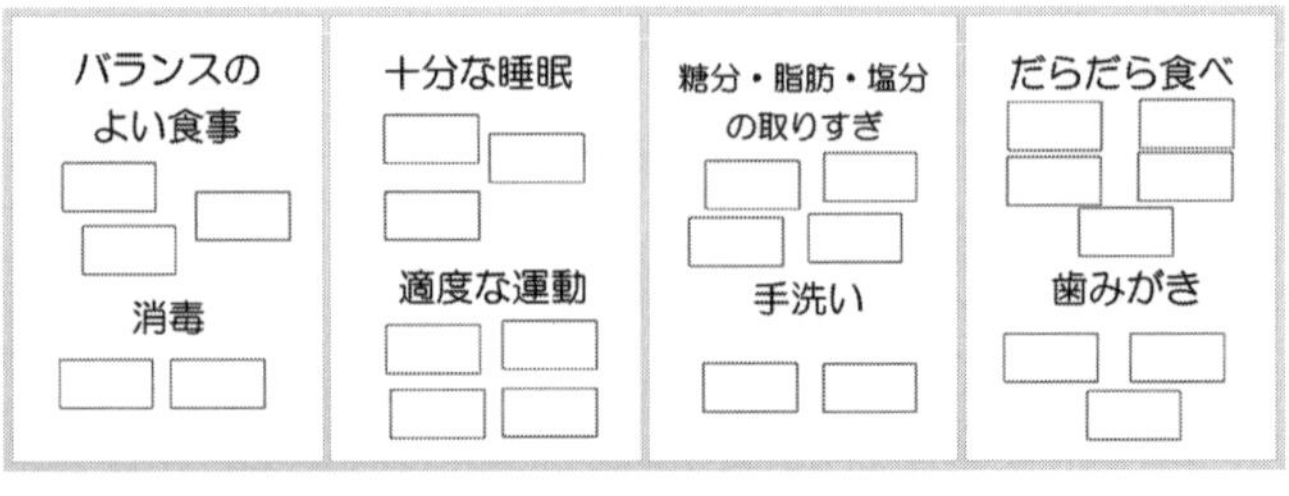

子供たちが課題を選んで四角の中に自分の名前を書いたマグネットや付箋を貼る

うやったらできるのかを話し合うアドバイス会議を行います。そして、友達から出たアイデアの中から自分がやってみようと思うものを選び、実践してみるというものです。

ですから、前時で自分の課題を選んだ後に、自分がアドバイスできる項目を選んでもらい、話し合いのグループを決めておきます。

自分が得意なことを生かして会議をし、友達にアドバイスするのは、とても効果的でした。

アドバイス会議

発散　「課題を解決するためのアドバイスということ」（一人三分）
収束　「実現しそうなアイデア」（一分）
活用　「友達へのメッセージ」（三分）

各グループで話し合ったことを、収束・活用を中心に発表します。聞きながら、どのアイデアをやってみようか考えてもらいます。友達のアドバイスなので、みんな興味津々で聞いています。

最後に、やってみたいことをワークシートに書いて終わります。

実践例7　体育（保健）5年　心の健康

五年生の保健、心の発達の学習では、不安や悩みへの対処法について考えます。友達と不安や悩みへの対処法を交流し合う活動にホワイトボード・ミーティング®を活用します。

単元の目標
【知】心の発達、心と体との密接な関係、不安や悩みへの対処について理解するとともに、不安や悩みへの対処についての技能を身に付けている。
【思】心の健康について、課題を見つけ、その解決に向けて思考し判断するとともに、それらを表現している。
【学】心の健康について、健康や安全の大切さに気づき、自己の健康の保持増進や回復に進んで取り組もうとしている。

授業の流れは次の通りです。

心の健康　単元計画

一・二時間目　病気の起こり方について知る。

病気には病原体によるものと、生活習慣によるものなどがあること

を知る。

三時間目　虫歯について知る。

自分の課題について考える。

四時間目　自分の課題を解決するために、できることを考える。

（ホワイトボード・ミーティング®を活用）

①　一〜三時間目（省略）

②　四時間目

はじめに、五年生にとったアンケートを見ます。友達がどんな悩みをもっているのか、どんな悩みが多いのかを知ります。

次に、悩みや不安があるときの自分の対処法をペアトークで話します。

発散　自分のおすすめ対処法（四分）
収束　ここがおすすめポイント（一分）
活用　この対処法をやろうとしている人にひと言（一分）

ペアで話したことを、グループまたは全体で共有します。このとき、「気分を変えるもの」と「気持ちを楽にするもの」などと分類します。

最後に、自分に合った対処法を選び、その理由についてワークシートに書きます。もちろん、自分が話した対処法について書いてもＯＫです。また、友達の意見を聞いて、自分が感じたことや考えたことを書きます。

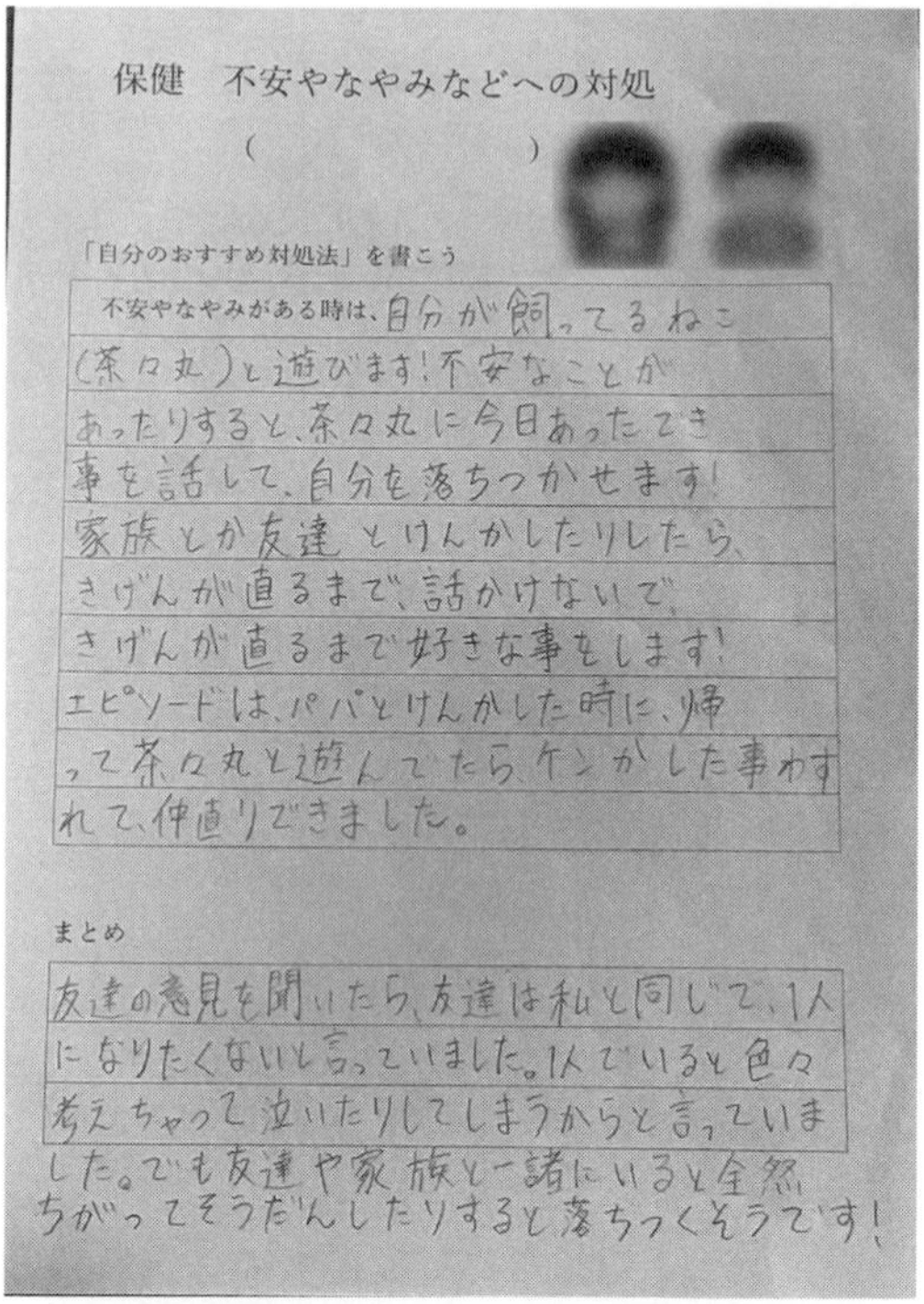

保健　不安やなやみなどへの対処

（　　　　　）

「自分のおすすめ対処法」を書こう

不安やなやみがある時は、自分が飼ってるねこ(茶々丸)と遊びます！不安なことがあったりすると、茶々丸に今日あったでき事を話して、自分を落ちつかせます！家族とか友達とけんかしたりしたら、きげんが直るまで、話かけないで、きげんが直るまで好きな事をします！エピソードは、パパとけんかした時に、帰って茶々丸と遊んでたらケンかした事わすれて、仲直りできました。

まとめ

友達の意見を聞いたら、友達は私と同じで、1人になりたくないと言っていました。1人でいると色々考えちゃって泣いたりしてしまうからと言っていました。でも友達や家族と一緒にいると全然ちがってそうだんしたりすると落ちつくそうです！

実践例8　国語6年「一番大事なものは」（光村図書）

この単元は二時間の短い単元です。これからの生活で自分が大事にしたいことについて話し合います。ウェビングマップや、ホワイトボード・ミーティング®を使って互いの考えを共有しました。

単元の目標

【思】

・話し手の目的や自分が聞こうとする意図に応じて、話の内容を捉え、話し手の考えと比較しながら、自分の考えをまとめることができる。
・目的や意図に応じて、日常生活の中から話題を決め、集めた材料を分類したり関係づけたりして、伝え合う内容を検討することができる。

「一番大事なものは」単元計画

一時間目　これからの生活で自分が大事にしたいものについて考え、ウェビングマップに書き、ホワイトボード・ミーティング®でペアトークをする。

二時間目　ペアトークで話したことをもとに、グループを変えて交流し、自分の考えをまとめる。

①一時間目

自分が大事にしたいことについてウェビングマップを書きます。何を大事にするかは事前に考えてきてもらっていたので、モデルを見せてからすぐに書きました。

モデルにしたウェビングマップや、ペアトークをしたホワイトボードは、学年の先生と一緒に作りました。モデルがあることで、ウェビングマップを書くスピードも速く、どんどん書くことができました。

ペアトークは三人組で行い、話す人、質問の技カードを使って聞く人、ホワイトボードに書く人に分かれてホワイトボード・ミーティング®を行いました。

発散　一番大事なものはというと？（四分）
収束　一番伝えたいこと（一分）
活用　これからどうしたい？どうなったらいいと思う？（一分）

時間まで、できる限り進めます。（二人は話す）

モデルとして掲示

ペアトークの様子

② 二時間目

ホワイトボードに書いたことをもとに、グループを作り意見を交流しました。グループは新たな四人組をくじで作り、ホワイトボードとウェビングマップを持って移動し、交流します。友達の意見を聞き、よかったと思う意見や言葉を自分のウェビングマップに赤で付け足します。これを二回繰り返し、いろいろな意見を聞きながら、考えを広げました。

このとき、考えを広げるポイントとして次の三つを提示しました。

① 自分の意見と比べてどうか。
② よいと思った意見を付け足す。
③ オープン・クエスチョンを使って聞く。

相づちもうちながら聞くと、温かい雰囲気になります。そして、話し合った後にウェビングマップに書き足す時間をつくります。終わったらグループを変えてもう一度行います。

最後にまとめとして自分の考えをノートに書きます。子供たちはホワイトボードやウェビングマップを見ながら、黙々とノートに書いていました。

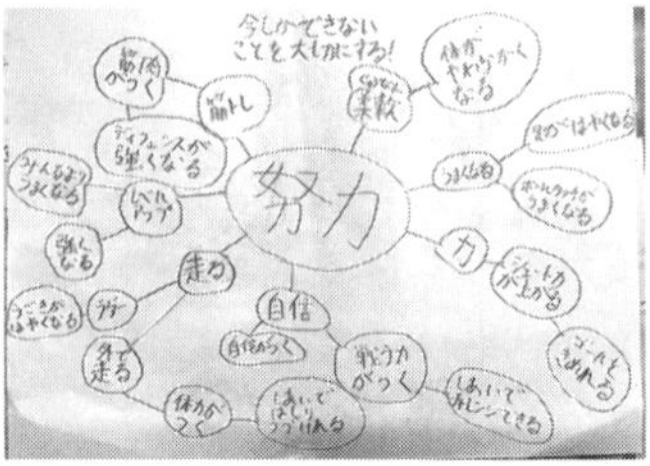
今しかできないことを大切にする!
努力
自信
力
走る

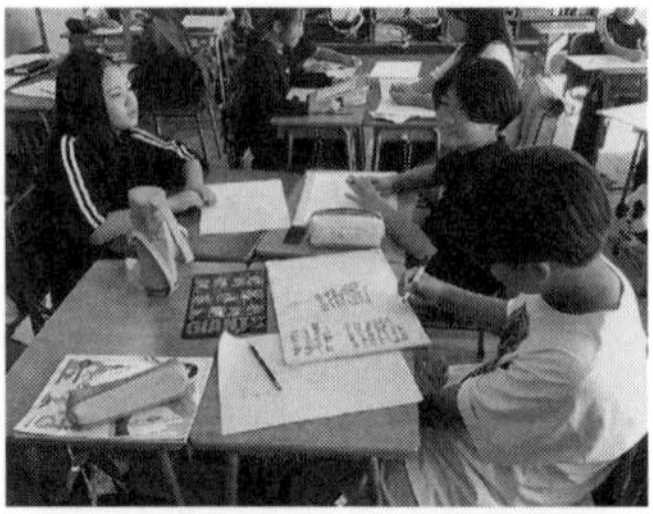

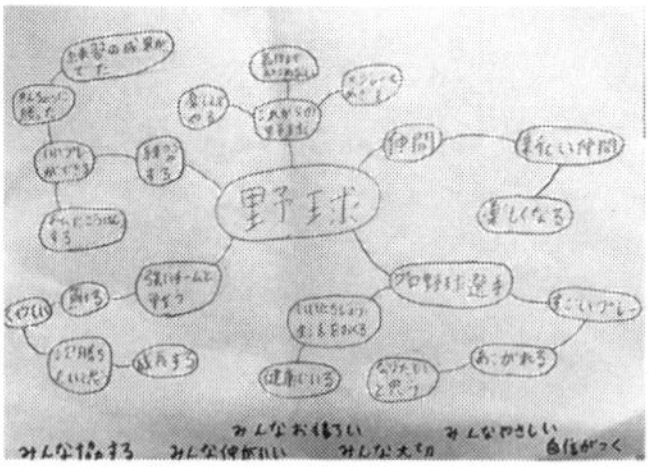
野球
仲間

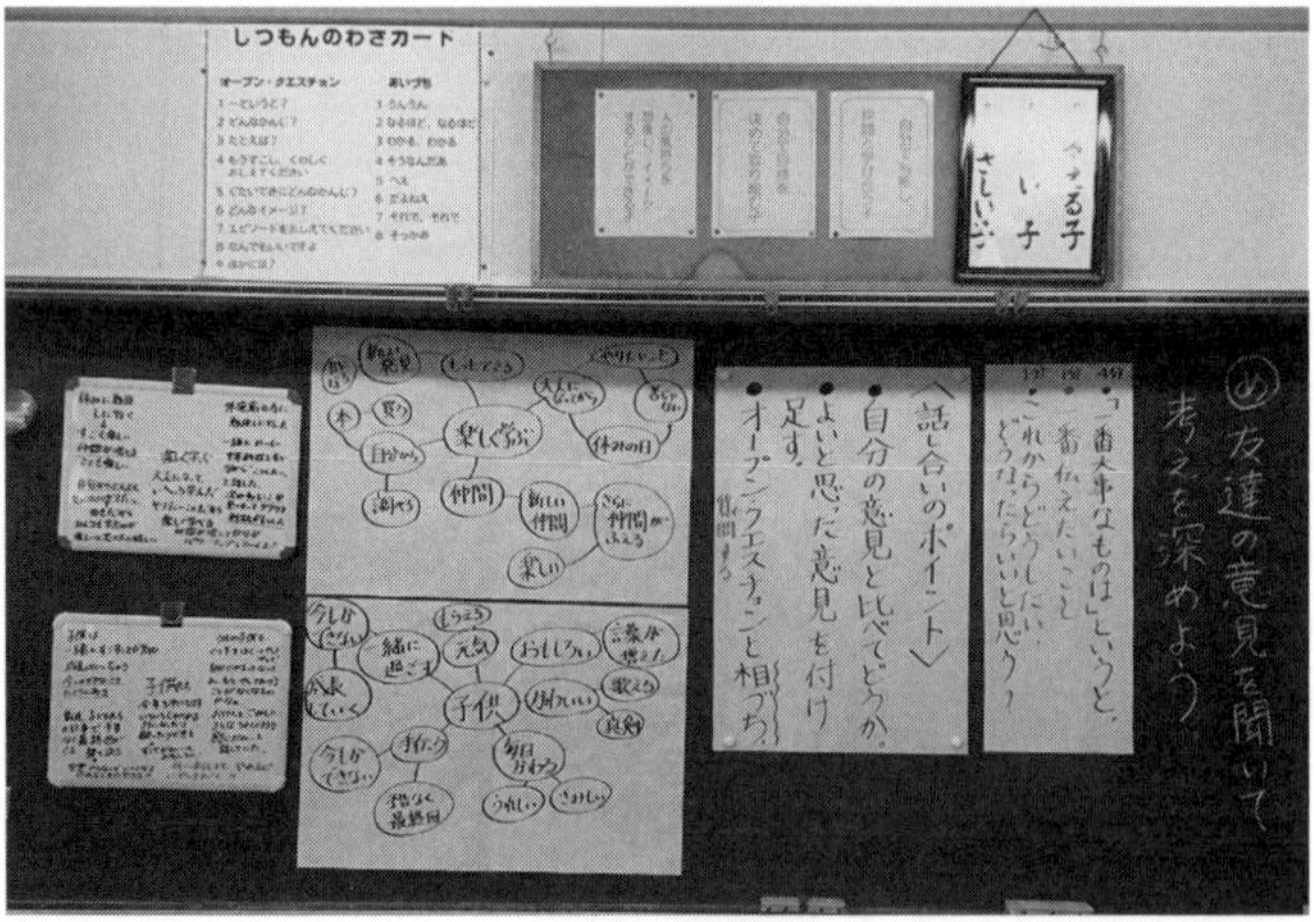
しつもんのわざカード
オープン・クエスチョン
あいづち
楽しく学ぶ
子供
話し合いのポイント
●自分の意見と比べてどうか。
●よいと思った意見を付け足す。
●オープンクエスチョンと相づち。
友達の意見を聞いて考えを深めよう

授業での板書

実践例9　総合的な学習の時間＆国語5年「夢の公園を作ろう」（光村図書）

総合的な学習の時間で、「夢の公園をつくろう」という単元を設定しました。市役所の方と一緒に、「新しい公園をつくるとしたら、どんな公園にしたいか」を話し合いました。その際、国語の「みんなが過ごしやすいまちへ」という「話す・聞く」の単元と合わせて取り組み、「夢の公園」について話し合いました。授業の進め方は次の通りです。

①　市役所の方から、公園の事業について話を聞く。
②　夢の公園についてウェビングマップに書き出し、コンセプトをまとめる。↑国語
③　グループを作って、「こんな公園にしたい」について話し合う。（ホワイトボード・ミーティング®）↑国語
④　内容をワークシートにまとめて、代表者が市の会議に提案する。

① 市役所の方が来て、子供たちに講演の事業について詳しく説明してもらいました。「夢の公園をつくろう」というテーマで進めていくことになりました。

② 公園について、グループでウェビングマップを書きました。具体的に工夫したいことについてどんどん考えたことを書いていき、自分たちのグループで提案したい内容を話し合いました。

③ グループで企画会議をしました。

発散	どんな公園にしたいか（一人四分）
収束	大事にしたいことやアイデア（五分）
活用	提案内容と理由（一〇分）

話し合いが終わったら、収束や活用を発表し合い、意見交流します。そして、話し合った内容をワークシートにまとめていきました。この国語の単元は、提案内容を書く単元です。ホワイトボードに書いてある内容を使って、ワークシートに書いていきます。

この、「ホワイトボード・ミーティング®で話し合う→ワークシートに書く」という流れは、私は書く単元でよく使います。合意形成するために友達の意見を聞いたり、自分の考えを深めたりすることで、書きやすくなります。ぜひ試してみてください。

④　ワークシートをもとに、代表児童が市の会議に参加し、意見交流をしました

このように、総合的な学習の時間でもホワイトボード・ミーティング®を活用することができます。他にも、「エコプロジェクト」の単元で、体験したことから「私たちにできること」をみんなで話し合い、ワークシートにまとめ、発表しました。

今では、タブレットなどにまとめることもできます。ポイントは「発散」「収束」「活用」の問い立てを何にするかです。最後にワークシートにまとめるなら、ゴールを達成するために、どんな問いにすればよいかを考えます。これは授業の問い立てと同じで、ファシリテーションの六つの技術の「クエスチョン」です。この三つの問い立てを大切にして授業することが重要です。

保護者の声～卒業生の保護者より～

吉岡先生には、娘たちの小学校生活の中で八年もの間、クラスや学年を持っていただきました。先生の子供たちに寄り添い、絶え間なく愛情を注いだ教育に、娘たちだけでなく、親である私も多くの感銘を受けました。

先生から学んだことから、今の彼女たちの成長につながっていることは多くありますが、その中でもホワイトボード・ミーティング®は未だに日常生活や学習をしていく中で、相手の立場や相手の気持ちになって考え寄り添ったり、問題解決に向けて考えていく力になったりしていると感じています。

まず、みんなの意見を可視化、承認することにより、参加しているみんなが自分の意見を認めてもらえていることを改めて感じ、心も満たされます。

また、娘たちはこのホワイトボード・ミーティング®を学んだことにより、進行役として表に出ることも、物事の進め方も学んできました。

ホワイトボード・ミーティング®を行うなかで、オープン・クエスチョンは情報の共有の深め方を学び、日常生活、小学校を卒業後の学生生活にも活かせていると感じています。

私も人の話を聞く、相手の気持ちになって考えること、相手を認めることを大切にしたいと考えてきたので、先生の授業は私の心にストンと入ってきました。こんなに心を豊かにする学びがあるんだと。

また、調理実習も記憶に残っています。今まで見てきた調理実習は、保護者のお手伝いを募っていたのですが、学校公開で見学したとき、子供たちが事前に自分たちで細かいところまで計画・分担をしていて、自分のことが終わると、友達の分担もしっかり把握しているので、手伝っていて、自分たちだけでこれだけ進められるんだ、すごいと感じました。

小学校時代という多くのことを吸収する時期に、先生と出会え、先生から学べたことに感謝しています。そして娘たちにはこれからもその学びを人生で活かし、さらに豊かな人生にしてもらいたいと思っています。

立花　美雪

子供たちの声〜卒業生より〜

僕は小学生のとき、吉岡先生のクラスでホワイトボード・ミーティング®を取り入れた授業を二年間受けました。その中で印象に残ったことがあります。

体育でバスケットボールをやったとき、チームメイトと試合の振り返りや次回の作戦をホワイトボードを使って話し合う時間がありました。

その場ですぐに書けるので、ペアトークで率直な意見を話すことができたり、みんなの意見を共有することができたりしました。

その中で、「全くシュートを打っていない」と言った人がいました。僕は、その人の試合中の行動を把握していなかったので、チームの人がどう思っているのかを知ることができました。そして、次回はみんながシュートを打てるようにするために、立ち位置や誰にパスをするのかなど、みんなで作戦を立てることができました。

ホワイトボード・ミーティング®のよいところは、自分の考えを自分で考えて書くよりも、質問の技カードを使って思ったことをどんどん話すことで、自分の思いがそのままみんなに伝わることです。

他にも、意見や考えが変わったときに簡単に書き直せることや、きちんとした意見だけでなく、ちょっとしたつぶやきも拾えるし、相づちをうちながら話を聞くこともできるようになりました。

一方で、話を聞きながら素早く書くので、字が汚くなってしまったり、ホワイトボードなので書いているときにこすれて字が消えてしまったりすることもありました。

僕はホワイトボード・ミーティング®を通して、話す力、まとめる力、そして聞く力を身につけられたと思います。今後、いろいろな場で活用したいです。

塩谷　拓真

第3章

さまざまな手法を取り入れる

P A（プロジェクトアドベンチャー）の実践

① クラスを居心地のよい場所にするために

プロジェクトアドベンチャーについて、プロジェクトアドベンチャージャパンのホームページに、次のように書かれています。

> プロジェクトアドベンチャーは、アドベンチャー体験から学ぶ、アクティブラーニングプログラムです。子どもから大人まで幅広い世代で、実体験から成長するための「気づき」を効果的に得ることができます。体験活動の中で起きたことをふりかえり、グループや日常生活への生かし方を考え、体験を自らの学びに変えていきます。

主にアクティビティを行い、振り返りをして学びを生かしていきます。私は学級活動で取り組んでいることが多いですが、学級開きのときや、行事の前、学期終わりなどに行うと、とても効果的です。

プロジェクトアドベンチャー（以下ＰＡ）ではいろいろなアクティビティを行います。アイスブレイクのような小さなアクティビティから、課題解決型のチャレンジもあります。これらを組み合わせて行い、やってみてどうだったかを振り返ります。

この①「体験」、②「振り返り」、③「一般化・概念化」、④「別の場面で生かす」の四つをまわしていくことを「体験学習のサイクル」といいますが、このサイクルを回すことが大切です。

子供たちはＰＡが大好きです。チャレンジが失敗しても「またやりたい」「学びがたくさんあった」など、たくさんの感想が出てきます。

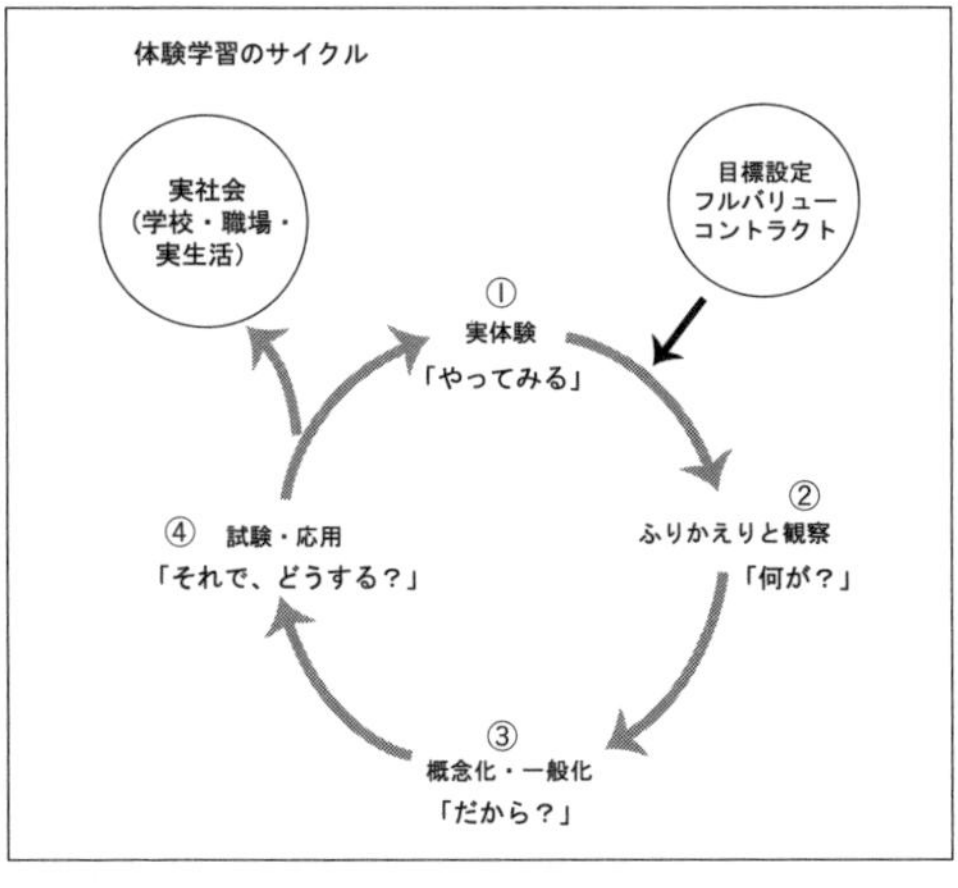

② 振り返りの大切さ

私が一番大事にしているのが振り返りです。やっているときに、「どんな言葉が聞こえたのか」「何をしていたか」「何を感じたか」などを聞き、みんなで共有します。そこから「何が大事なのだろう」と問いかけ、全員で考えていきます。そして、振り返りで出てきたことを、次の行事や学校生活に生かしていきます。これを「一般化」といいますが、この一般化こそが、大切なのだと思います。ただ「楽しく遊んで仲良くなったね」ではなく、何を振り返るのか、そこから何につなげていくのか、それが教師である私たちがファシリテーターとして立つ意味なのだと思います。アクティビティを選ぶときも、何をねらいにして取り組むのかを意識していますが、やっているうちに課題が生まれ、ねらいが変わることもあります。振り返りも子供たちの実態で変わってきます。

振り返りは、子供同士で話し合ったり、私がファシリテーターとして進めます。

ホワイトボード・ミーティング®と同じで、PAに取り組んでから、クラスが温まるようになりました。どちらも根底にある考え方に共通するものがあるからだと思います。クラスが居心地のよい場所にするために取り組んでいます。

ホワイトボードを使って振り返る様子

③ 体育での活用

体育の「体作り運動」の体ほぐしの運動（遊び）にも、ＰＡのアクティビティは使えます。体ほぐしの運動は、体を動かす楽しさや心地よさを味わうことにより、自分や仲間の体の状態に気づき、体の調子を整えたり、仲間と豊かに交流したりする運動です。この「仲間と豊かに交流する」という点でもよく行っています。体育でやる場合は、めあてを体育の目標と照らし合わせて行いますが、アイスブレイクやアクティビティはよく参考にさせてもらっています。学校教育でやる場合は、教科との融合を考えていく必要がありますが、中でも体つくり運動は取り組みやすい単元だと思います。

④ クラス目標

「ビーイング」という、ＰＡの手法があります（以下、プロジェクトアドベンチャージャパンホームページより引用）。

「ビーイング」はＰＡプログラムの３つの柱（アドベンチャーの利用、体験学習、フルバリューコントラクト）の中で、最も重要な、フルバリューコントラクトを実践するための手法です。フルバリューコントラクトは「お互いを最大限に尊重しあう」という約束です。とても簡単な約束です。ただ、それは具体的にどういうことかが分かりにくくて、言葉で約束しても実際には実行できないのが現実です。そこでそれをなるべく具体的なものにするための方法が「ビーイング」です。

クラス目標にこのビーイングを活用するのも効果的です。以前は、クラス目標はみんなでどんなクラスにしたいかを出し合い、それをまとめて一つのクラス目標としていました。しかし、ＰＡに出会ってから、クラス目標は、子供たち一人一人がもっている。それぞれがこんなクラスにしたいと思っていることをお互いに尊重し、一緒に助け合っていければよいのだと思うようになりました。ですから、クラス目標ではなく、一人一人の思いを表明し、それをみんなが尊重していこう、というビーイングの形で作っています。

ビーイングはすぐには決めずに、しばらくクラスで過ごしてから話し合います。「今のクラスはどんな感じなのか、だからこんなクラスにしたい」を一人ずつ話してもらい、聴き合います。みんながどんな思いでいるのかを知ったら、「その想いをみんなで大事にしよう」と言って、全員で模造紙に書いていきます。

ビーイングは枠の中に自分の想いを書き、外側にはしてほしくないこと書きます。できあがったビーイングをみんなで尊重しようと約束して掲示します。ビーイングには、ＰＡで取り組んで考えたことなどを、後から付け足していきます。学期ごとに見直すこともあります。

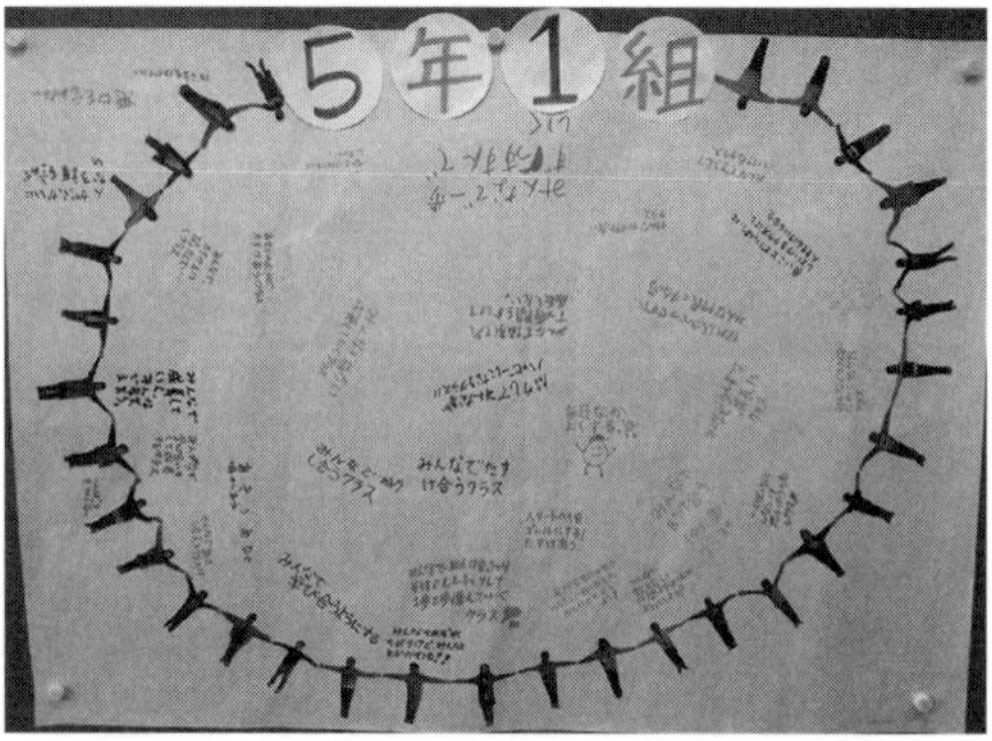

⑤ 卒業の前に

私は高学年を担任することがほとんどですが、六年生を担任したときは、必ず卒業前に課題解決のアクティビティをします。よくするのが「クモの巣」と呼ばれるアクティビティです。クモの巣に見立てた穴を全員が通っていくアクティビティです。とても難しいアクティビティですが、最後のアクティビティとして選んでいます（このクモの巣は、安全面の配慮が必要です。簡単にはできないものです）。

クモの巣はゴムと高跳びのバーを使って、手作りで作成します。みんなで協力して友達を持ち上げたり、誰がどの穴を通るのかをみんなで話し合ったりしながら、チャレンジしていきます。成功してもしなくても、その過程がとても大切なのだと話します。

卒業前のよい思い出として、子供たちの心に残る時間となってほしいと願ってやっています。

このように、ＰＡを通してたくさんの学びと、関わ

りが生まれます。ホワイトボード・ミーティング®と同じように、クラスが居心地のよい場所になるように取り組んでいます。

以前、体験教育のファシリテーターであり、私が尊敬する佐藤順子さん（さとじゅん）がクラスに来てくださったとき、「よっしーのクラスは、リビングみたいだね」と言われことが忘れられません。さとじゅんの言葉を聞いてから、私は「リビングみたいな教室」を目指すようになりました。ほっとする、安心できる環境が何よりも大事ですから。

子供たちの声〜卒業生より〜

初めてPAを学んだのは小学五年生でした。ターザンロープを使ったアクティビティやパイプライン、大縄跳びのアクティビティなどをやりました。はじめは、恥ずかしい気持ちもあり、積極的にできませんでした。嫌な言葉を言う人もいて、全然うまくできませんでした。でも、どうだったのかを話し合って見直したら、次にチャレンジしたとき、一回目よりよくなりました。

このとき、マイナスな言葉は言わないほうがいいし、プラスの言葉をかけるともっとよくなると実感しました。

そして、プロの先生が講師としてきてくれたときのことは、とても印象に残っています。まず、普通の準備体操を、みんなが楽しく笑顔になるような内容にしてくれました。楽しくやれば、自然と体もたくさん動かせて、つまらない準備体操とは別物でした。だから、どんなことも、工夫次第で楽しくなると思いました。

また、ターザンロープのアクティビティのときに、私ははじめ異性と触れるのが少し嫌でした。

でもどんどんやっていくうちに、「みんなを助けよう！」という気持ちになりました。そして、先生からアドバイスをもらい、男女関係なくやってみたら、うまくいくようになりました。できなかったことができるようになると、世界が広がると感じました。

中学生になり、運動会、合唱コンクール、体育の授業などでも、チームワークが不可欠です。私はいつも、「勝ちたい！」という気持ちが強くあります。それには、まず、みんなで楽しくできるように心がけています。声を出し合い、笑い合って、雰囲気のよいほうがチームがまとまるとＰＡで学んだからです。

今年の運動会の大縄跳びでは、それらが発揮でき、一位になることができました。クラスの団結力が深まり、笑顔が増えて、活気のあるクラスになった気がして嬉しかったです。これからも、世界が広がる気持ちをたくさん経験したいと思います。

峰岸　夢乃

PＡの振り返りで出た子供たちの意見

大切なのは、どう行動するかよりも、なぜそうするのかです！

・失敗することではなく、成功することを考え、ポジティブに！

・あきらめる人とあきらめない人で差が出てしまうから、きちんと伝えた方がいい。

・みんなが成功するために、ちゃんとやってほしいと伝える。

・考えすぎるとできなくなる。

・みんなが「できる」と思うことが大切。

・言うことで、その人の心が変わるかもしれないから、言ってみる。自分たちも言い方を気を付ければいいかなと思った。

・みんなで息を合わせて成功できなくなるから、ちゃんと言いたい。

・自分だけ好きにやって、みんなのことを考えていなかった。大切なのは、失敗を考えずに成功することを考える。

・誰か一人がだめだと思っちゃうと、他の人に伝わっちゃうのかなと思った。

・無理だという人がいても、リラックスできるような声かけをしたい。「あきらめずに楽しもう！」って言いたい。雰囲気をよくするために笑っている人がいて、いいなと思った。」

・一人が笑うとみんなが笑う。１人が無理だと思っていると、みんながつまらなくなる。

・その場の雰囲気が悪くなるから、言えない。

・また同じことをしてしまうから行った方がいい。でも、他の人と同じ意見だったから、まねしたと思われるから言えなかった。

・相手がずっと無理無理と言っていたらそのままになるし、最後まで気持ちよくやると、盛り上がり、すっきりすると思う。

・「楽しいよ、やろうよ。」と言いたかったけれど、相手が傷つくと思って言えなかった。でも、嫌だなと思う人がいると周りも何となくやる気がなくなってしまいそうで、でも傷つくと思うと言えなかった。

・何回も失敗すると「無理だ～！」って思ってしまった。友達がけっこうしゃべっていたから張ろうと思ったけど、できなかった。

マインドマップの実践

① マインドマップで楽しく思考する

マインドマップは、授業でノートの代わりとして使います。学習のまとめとして使うこともありますが、授業を聞きながら、または教科書や資料を読みながらマインドマップにまとめることが多いです。

はじめはマインドマップの書き方から説明し、自己紹介を書いてもらいます。自分の好きなこと、趣味、好きな食べ物などをメインブランチ（マインドマップにかかれる情報の整理軸）にし、そこから詳しく書いていきます。真ん中に自分がイメージする絵を描いて表現するのも楽しいと感じる一つです。書き方を丁寧に説明しながら一緒に書いていきます。できあがったら発表し合います。書き方が分かったところで、授業で使っていきます。

授業で使い始めるときには、私が授業しながら黒板にマインドマップを大きく板書していきます。子供たちはそれを写しながら、慣れていきます。繰り返していくうちに、だんだんと授業をしながら自分でまとめていくことができるようになります。そうすると自分で工夫できるので、楽しくなっていきます。色がカラフルなことも、楽しめる要因なのかもしれません。しかも記憶に残ってテストにも反映される、とてもよいツールだと思います。楽しんで書ける、それがマインドマップの一番の魅力です。

宿題で出している自主学習ノート（チャレンジノート）にも、書いてくる子がたくさんいました。授業の復習や、興味があって調べたことなどを書いてきます。

卒業生が中学校で書いたマインドマップ

マインドマップは理科や社会、家庭科、体育など、どの教科でも使えます。特に保健や家庭科はノートがないので、マインドマップによくまとめています。

新年の目標もマインドマップで書いたことがあります。真ん中に干支の絵を描いて、どんな一年にしたいかをペアトークしてから書きました。それぞれの目標が具体的に書かれていて、とても面白かったです。

マインドマップは書き始めると夢中になって書く子が出てきます。集中力がすごく、慣れてくると学習のまとめも速くなってきます。

とはいえ、マインドマップはちょっと……という子もいます。その子たちは、レポート形式で書いています。ノート見開きにまとめるのと同じ要領です。「今日はマインドマップではなく、レポートにしよう」と、子供たちは選んで取り組んでいます。

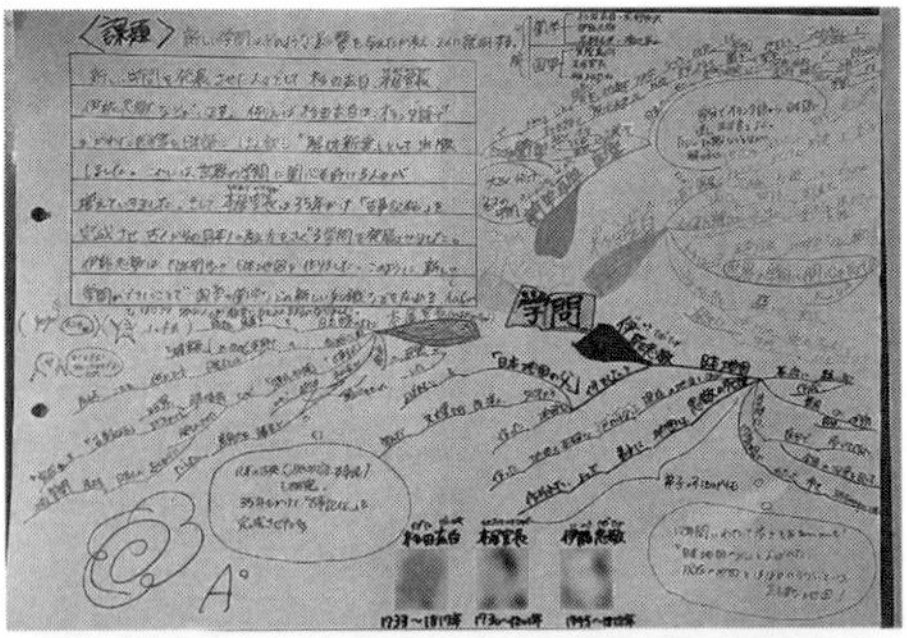

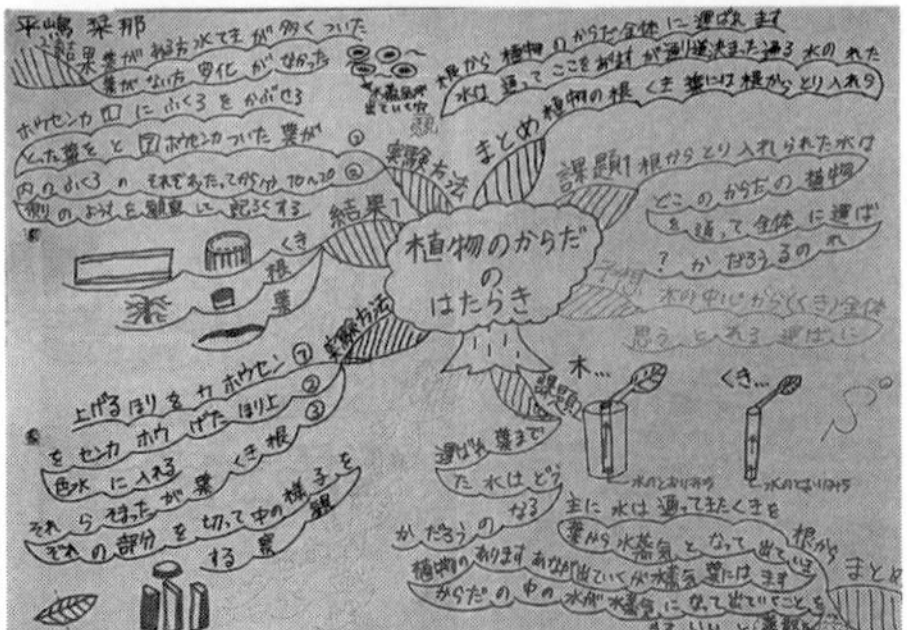

自学ノートに書いたマインドマップ

子供たちの声～卒業生より～

マインドマップは、私が小学五年生のときに吉岡先生から学んで以来、今でも描き続けています。

私が感じるマインドマップの一番の効果は、記憶が定着しやすくなることです。大まかな情報からより細かい情報へと整理していくため、膨大な量の情報でもきれいにまとめることができ、あとから見返したときに分かりやすいです。今まで様々なテーマでマインドマップを描き続けてきましたが、この特徴のおかげで、特に勉強においてはとても役立ちました。日頃の復習やテスト前のまとめ学習によくマインドマップを描いていて、それを見た中学校の同級生や先生にとても驚かれたことがあります。なかには興味をもってくれた友達もいて、とても嬉しかったです。

また、マインドマップは描けば描くほど上達するためとても楽しいです。できるだけ多くのブランチに分けて、文字は短く、たくさんの色を使う。先生から学んだことを意識しながら描き続けていくにつれて、マインドマップを描く技術が段々と上達していきました。

以前、高校でマインドマップを作成するという課題が課されたことがありましたが、マインドマップを描いたことがある人が少なかったというのも相まって、私が作成したマインドマップにとても驚かれた経験があります。
マインドマップが私の生活に浸透したことで、私の人生が豊かになったといっても過言ではないくらいです。教えてくださった吉岡先生に感謝するとともに、より多くの人にマインドマップを描いてほしいなと感じます。

立花　碧彩

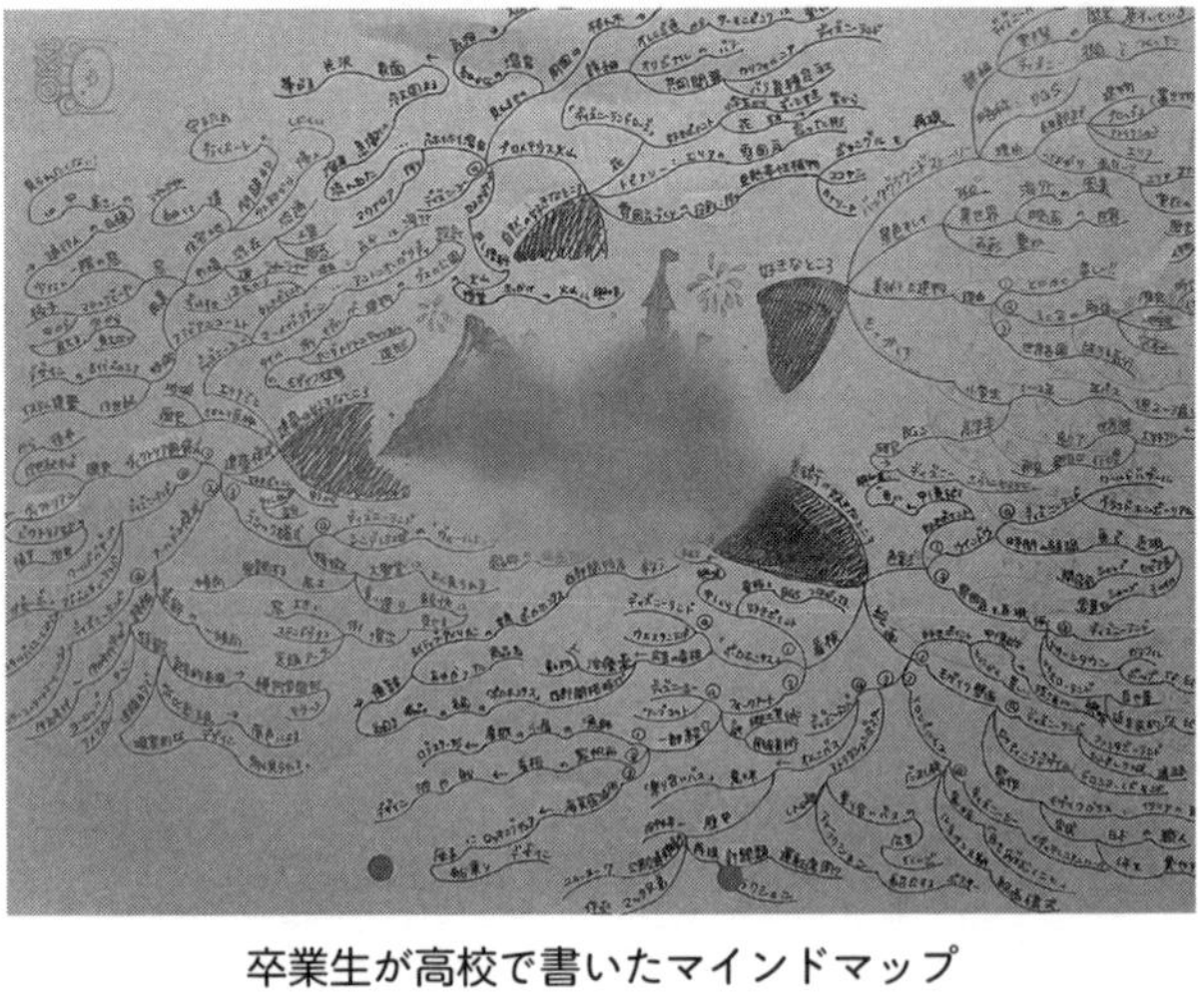

卒業生が高校で書いたマインドマップ

振り返りジャーナル

① 振り返りジャーナルとは

振り返りジャーナルは、信頼ベースの学級ファシリテーション（岩瀬直樹・ちょんせいこ著『信頼ベースのクラスをつくる　よくわかる学級ファシリテーション①〜③』参照）で実践している毎日の振り返りです。私がホワイトボード・ミーティング®に知り合うきっかけとなったのが、この信頼ベースの学級ファシリテーションでした。次の項で紹介する会社活動と振り返りジャーナルは信頼ベースの学級ファシリテーションの中でも重要なツールです。私はこの一二年間、毎日この振り返りジャーナルに取り組んできました。

私は帰りの会で六分間を「ジャーナルタイム」としています。B5半分の大きさのノートにお題に沿って振り返りを書きます。クラスが熟成すると、このジャーナルタイムがとても静かで心地よい時間になります。授業について書いてもらうときもあれば、テーマを決めて書いてもらうこともあります。私の場合、授業の振り返りを書くことが多いですが、子供たちの声を聞くことで、気づくことがたくさんあります。

振り返りジャーナルは、私と子供たちをつなぐ大切なものです。だんだん子供たちが本音で語ってくれるようになるので、「そんなことを思っていたのだ」「次の時間は声をかけてみよう」「様子がおかしかったのは、そのせいだったのか」などと、たくさんのことが分かります。今では私にとってなくてはならないものになっています。

返事は子供たちが帰った後に一〇分から一五分で見ると決めています。返事は文章では書かずに、相づちをうつ程度ですが、「気持ちを込めて大事に読んでいるよ」と子供たちには伝えています。返事を書き始めると続けるのが大変です。ですから、できる方法で続けていくことが大切です。子供たちはそれでも返されると返事を読んでいます。

毎日書いているので、宿泊学習にも持って行き書いています。コロナのときも続けていました。書く日と書かない日があると、「今日は書くのか……」と書くことを面倒に思う子が出てきます。「当たり前に書くのだ」と思ってもらうようにしています。

前任校でも、今の学校でも、振り返りジャーナルを一緒に取り組んでくれる先生方が多くいます。やってみるとそのよさが分かります。書く量が少なくても、一日に一ページずつ書き進めて継続していくことが大切です。そのうちだんだんと書く量が多くなります。低学年でもまるまる一ページ書く子がたくさんいました。以前、副校長先生が帰りの会に教室をのぞきに来たとき、二年生の子が夢中になってわしわし書いている姿を見て、「すごい、二年生とは思えない。力がついているね」と声をかけたくださったことがありました。

私が忘れられないジャーナルに、ある場面緘黙だった子の言葉があります。一年生の後半から少しずつ話せるようになった子が、振り返りに「私は、初めの頃は話すことができなかったけれど、今は話すことができるようになって、学校がとても楽しいです」と書いていました。こういった気持ちを書き残すことができるジャーナルは、大切な宝物です。ぜひ、みなさんにチャレンジしてほしいと思います。

※詳しくは『増補改訂版「振り返りジャーナル」で子どもとつながるクラス運営』岩瀬直樹・ちょんせいこ（学事出版）を参照。

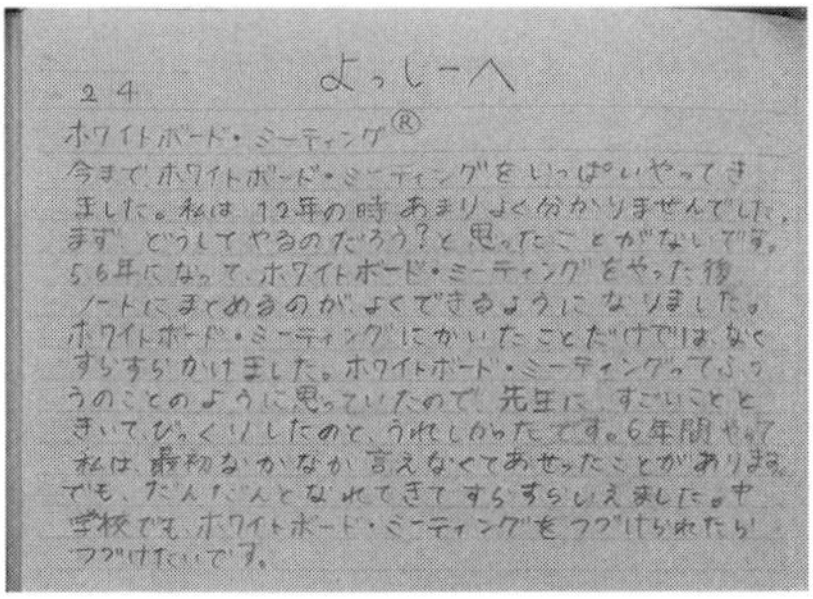
よっしーへ
24
ホワイトボード・ミーティング®
今まで、ホワイトボード・ミーティングをいっぱいやってきました。私は12年の時あまりよく分かりませんでした。まず、どうしてやるのだろう？と思ったことがないです。5.6年になって、ホワイトボード・ミーティングをやった後、ノートにまとめるのがよくできるようになりました。ホワイトボード・ミーティングにかいたことだけではなくすらすらかけ手した。ホワイトボード・ミーティングってふつうのことのように思っていたので、先生に、すごいこととさいてびっくりしたのと、うれしかったです。6年間やって私は、最初なかなか言えなくてあせったことがありまる。でも、だんだんとなれてきてすらすらいえました。中学校でも、ホワイトボード・ミーティングをつづけられたらつづけたいです。

会社活動～教科外での取り組み方と実践

① 会社活動とは

会社活動は、クラスのみんなが楽しめるために、自分たちができることを考え、取り組む活動です。

以前はお楽しみの会社を立ち上げていました。ぬりえ会社、大工会社、フラワーアレンジメント会社など、好きなことを生かして会社を作り、みんなの役に立つ活動をしていました。お楽しみの会社も楽しく、学級活動の一環としてとてもよい取り組みがたくさん生まれました。

しかし、高学年では、学級活動で準備をする時間がなかなか

とれず、活動が停滞してしまうこともありました。そこで、これを授業に活用できないかと考え、単元ごとの会社を作り、授業で活躍してもらおうと考えました。実際にやってみると、子供たちはとても楽しんで活動しました。体育の「リレー会社」、家庭科の「調理会社」、国語の「漢字の成り立ち会社」、理科の「魚のたんじょう会社」など、どの単元でも行うことができます。

② お楽しみの会社活動

お楽しみの会社活動は、事前に子供たちに会社活動について説明し、あらかじめやりたい会社を考えてきてもらいます。「自分が得意なこと、好きなこと、興味のあることを通してみんなの役に立つことを考えてくるよ。もちろん、自分たちが楽しい！と思えることを考えてきてね」と伝えます。

子供たちのポスター

そして、出てきたアイデアを並べて、自分がやりたい会社を選びます。会社が決まったら、同じ会社の友達と話し合い、どんな活動をするのか決め、ポスターを作ります。
子供たちの発想は豊かです。低学年でもいろいろな会社ができました。

フラワーアレンジメント会社……学校に咲いている花をグリーンサポーターの方と一緒に摘んで、アレンジメントを作りました。できた作品は昇降口や校長室など、学校のいろいろな場所に飾りました。

大工会社……学校で修理してほしいところや作ってほしいものを用務員さんに教わりながら作りました。はじめは段ボールで家を作り、みんなで楽しみました。会社活動は、学校の様々な人に協力してもらいながら進めます。

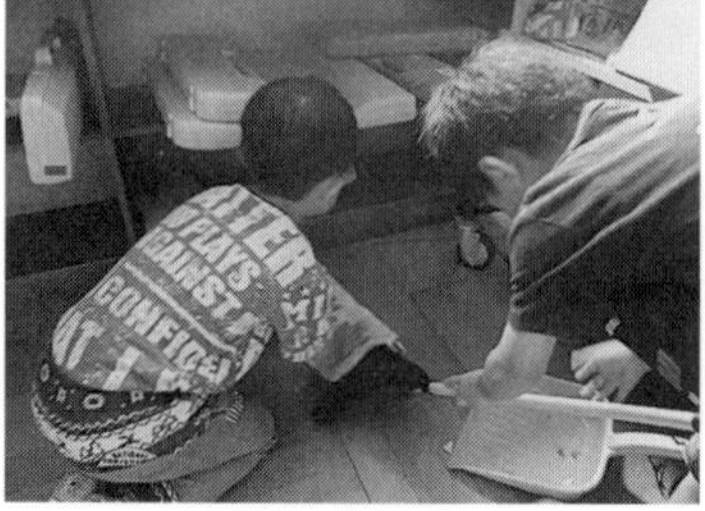

そうじ会社……学校の掃除が行き届いていないところを探して、掃除をします。細かいところまで見つけて頑張っていました。

歌会社……「今月の歌」を音楽専科の先生に教わって、みんなに教えます。きれいな歌声でみんなの手本となりました。高学年でもお楽しみの会社をしていたこともあります。

カード会社……歴史人物のカードゲームをしました。みんなで休み時間に遊んで楽しみました。この歴史カード作りは、教科の会社活動の前進です。

写真会社……写真を撮ってみんなに紹介します。友達のいろいろな表情を撮ってくれました。

新聞会社……新聞を発行してみんなに配ります。クラスの楽しいニュースを書いていました。

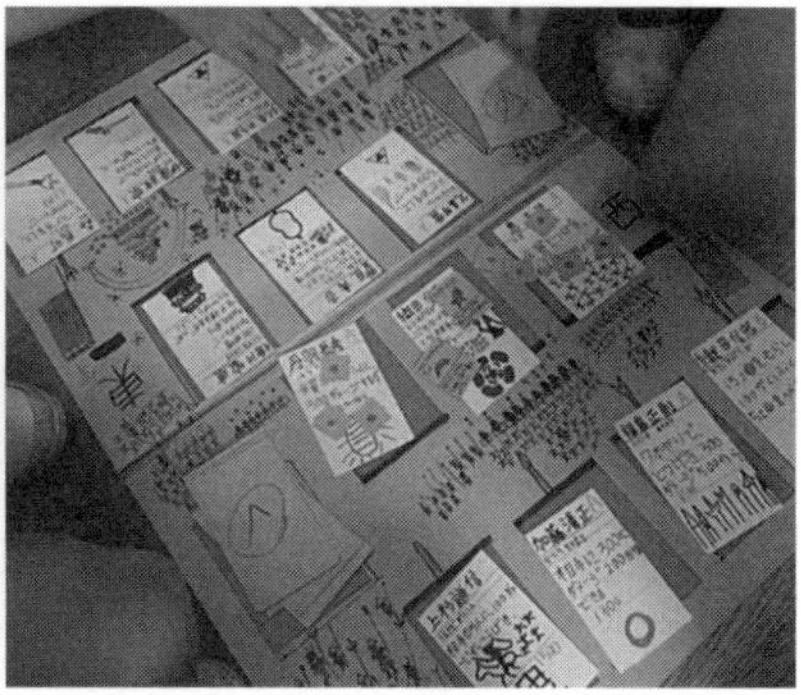

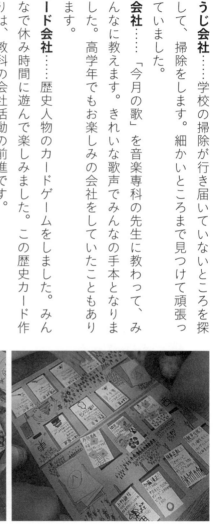

③ 会社パーティー

お楽しみの会社では、学期末にパーティーをします。自分の会社でお店を出し、みんなで楽しみます。これは本当に楽しい活動でした。高学年では、ガチャポンの仕組みを調べ、手作りしたこともあります。低学年の大工会社は、会社パーティーで金槌体験を実施して大好評でした。また、漢字会社の子が、漢字クイズを作ったり、パズル会社が電動のこぎりで木のパズルを作ってやってもらったりしていました。お世話になった先生方やグリーンサポーターさんなども招待し、楽しんでいただきました。

この「楽しいことでみんなの役に立つ」会社活動から、教科の会社活動へと移行していきました。

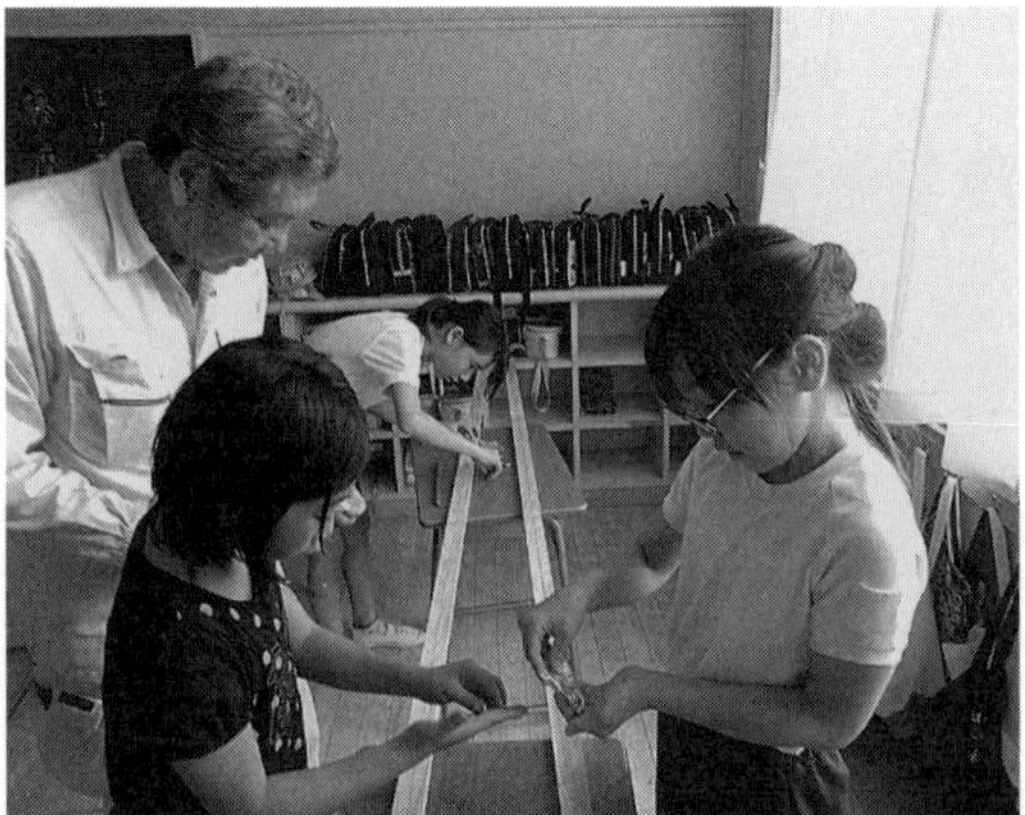

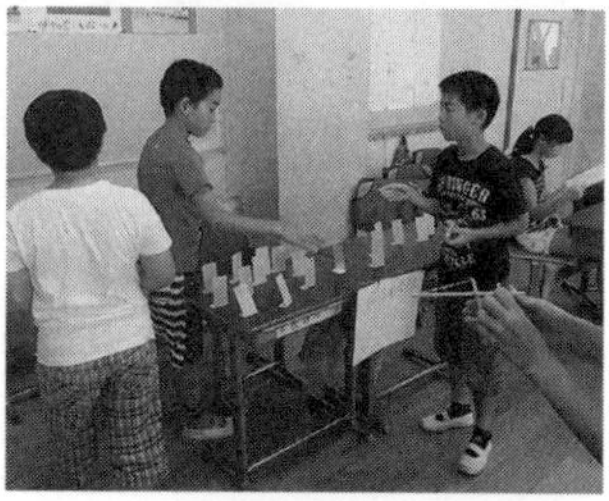

会社パーティーの様子　子どもたちのアイデアがたくさんつまった時間になりました

会社活動～教科での取り組み方と実践

教科の会社活動は、次の流れで進めていきます。

① まず、その学期で行う単元を全て黒板に書き、大体どんな学習をするのかを教科書を見ながら確認します。それから自分が得意な教科や、逆に苦手だからやってみたい教科など、自分がやってみたい単元を選びます。国語は漢字会社やトピック単元「漢字の成り立ち」なども取り組みやすいです。理科、社会、体育、家庭科、英語など、できそうな単元は全て取り上げます。人数は特に決めていません。人数を見て、子供たち自身が考え、会社を移ることもあります。

② 単元が決まったら、同じ会社のメンバーでどんな活動をするのか、教科書や学習指導

要領を見ながら考えていきます。学習指導要領は少し難しいですが、一緒に読みながら確認します。子供たちは興味津々で読んでいます。教師用の赤本を見せることもあります。

単元の目標や各授業のめあてなどが分かったうえで、どうしたらみんなが楽しく学べるかを考えます。劇で表現する、カルタを作って習熟を図る、掲示物を作って説明するなど、やり方は様々です。最近はパワーポイントでスライドを作って説明する会社も増えてきました。タブレットでビデオを撮って、作品を作り、みんなに見せるということもあります。

③　内容が決まったら、私と一緒に確認し、修正があれば相談しながら内容を決定します。

私から仕事を発注することもあります。そして、分担をして準備を進めていきます。タブレットを使って調べたり、教科書をじっくりと読み込んだりしながら進めていきます。子供たちの発想は豊かで、面白いものもたくさん出てきました。

④ 単元の時期が来たら、授業で活躍します。子供たちが授業をすると、自然と子供たちが一生懸命に聞こうとし、温かい雰囲気に包まれます。しかも活躍できることで、自分が役に立ったと実感できます。

子供たちにお楽しみの会社と、単元の会社どちらがやりたいかを聞くと、ほとんどの子供たちが単元の会社を選びます。「授業で活躍できる会社は本当に楽しい、またやりたい」という声がたくさんあります。

ここからは、実際にどんな会社があったのか、紹介していきます。

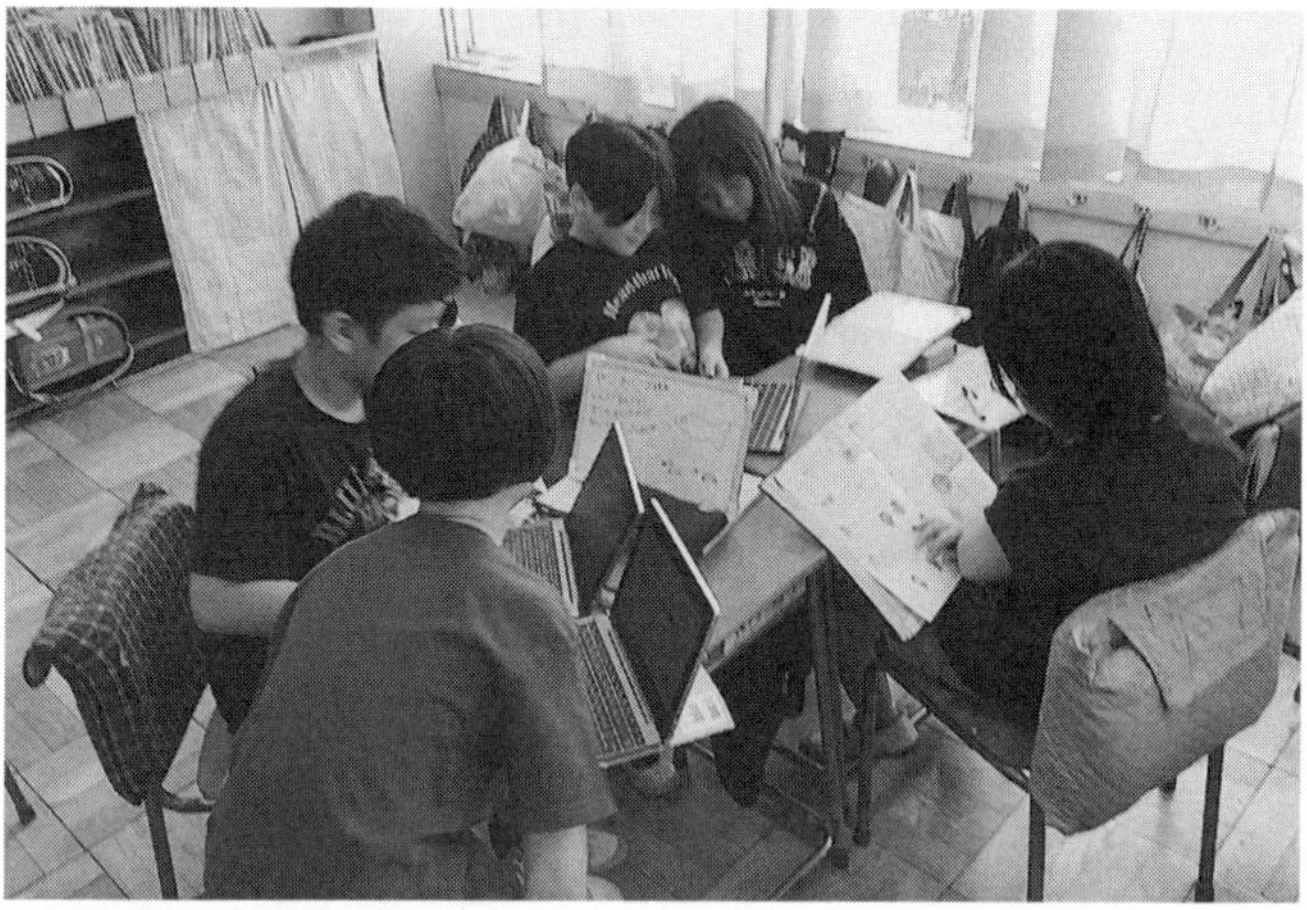

会社活動の準備をしている様子

① 家庭科の会社

❶ 調理会社

味噌汁の作り方をビデオにしてまとめました。家で実際に作っているところを、説明を入れながら撮影し、みんなに見せました。同じ会社の子も集まって一緒に作り、とても楽しかったようです。

また、ある年は家庭科の五大栄養素をカードにして、神経衰弱で覚えよう！とカルタを作成しました。

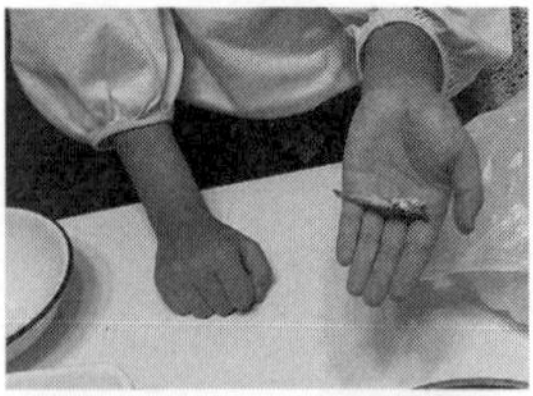

❷ 縫い物会社

玉結び、玉留め、なみ縫いなど、縫い方の説明をビデオで撮り、説明をクリップで入れながら作成しました。ミシン会社などは、先に練習し、授業では、手本としてやってみせたり、作り方の説明を作ったり、みんながスムーズにミシンができるようにしました。

❸ 私の生活、大発見会社（前教科書では、わが家にズームイン会社）

家庭で子供たちができることの一つに、「お茶を入れる」という例が載っています。

このお茶の入れ方を三分間クッキングの音楽を使って、テレビ番組風に劇化し、おいしいお茶の入れ方を紹介しました。お茶の先生役とアシスタント役に分かれて演じ、「先生、このときのコツは何ですか」

「はい。少しずつ入れていき、お茶の濃さが均等になるようにします」と実演しながら説明します。

実際に見せるだけでなく、見ている子供たちも楽しみながら学習できる工夫です。

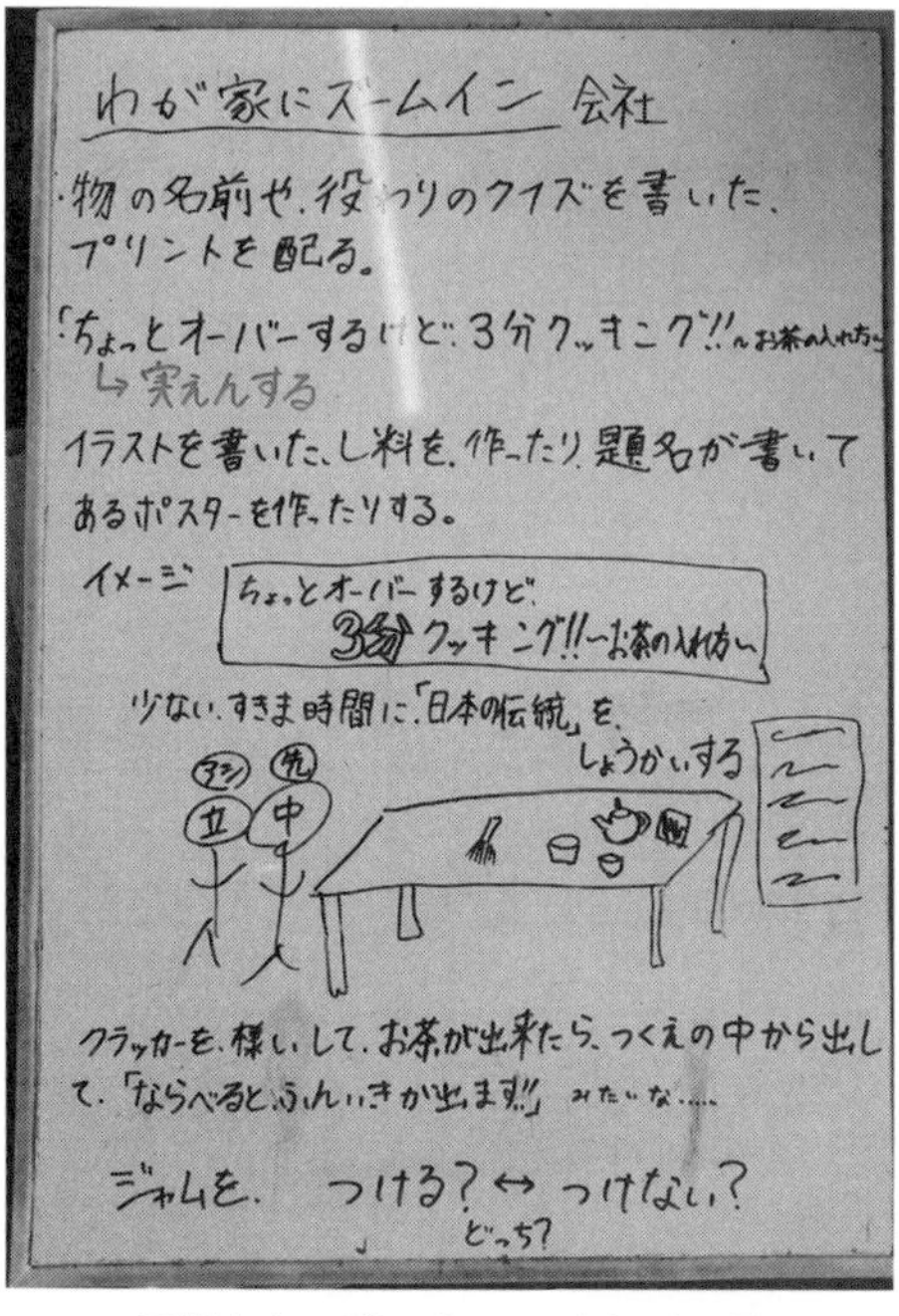

子供たちの書いたホワイトボード

② 体育の会社

❶ 跳び箱会社

跳び箱会社は、技の跳び方のコツを調べ、みんなに教えます。その際に、「跳び箱の歌」というのを作り、毎時間授業のはじめにみんなで歌う、という取り組みをしたことがありました。アカペラの歌でしたが、毎時間コツを確認できるので効果的でした。

また、ポイントをスライドにして、体育館の大きなスクリーンに提示し、説明する年もありました。できるように練習して手本を見せることもしています。手本になる動画を探して、みんなに見せることもします。

「跳び箱の歌」を歌っている様子

❷ リレー会社

リレー会社は走り方やバトンパスのコツを研究し、みんなにコツを伝えます。スライドで説明したり、実際にやって見せたりしながら伝えます。練習方法を一緒に考えることもあります。練習方法を調べてきて、一緒にすり合わせをします。

コツは掲示物を作って、それを貼りながら授業することもあります。授業で子供たちの力を借りることができるのは、とてもありがたいです。

❸ 保健会社

教科書に載っていることを説明します。掲示物やスライドを作って説明します。事前に学習指導要領などで単元のめあては確認しているので、どんなふうに説明するのか、私がどこまで介入するのかを決め、授業に入ります。

❹ 高跳び会社

ある年は、コツを伝えるだけでなく「学習カードを作りたい」と言って、相談しながら作成しました。単元計画からめあて、振り返りの仕方など、子供たちと相談しながら進めました。子供たちの声を聞きながらデザインできるのは、会社活動ならではだと思います。

その他にも、サッカー会社がキックターゲットを段ボールで作ったり、キックやパスの仕方を動画で撮って説明したりと、さまざまなアイデアが子供たちによって生まれます。体育では、動画で説明するのがとても効果的です。

③ 理科の会社

❶ 月と太陽会社

五年生の月と太陽の学習で、月の満ち欠けについて説明しました。図にかいて説明したり、実際にボールと照明を使って体験的に学べるように、ボールを月に見立てた実験をしたりしました。理科の支援員の先生がいらっしゃるときには、お手伝いをお願いし、子供たちと話し合って準備を手伝ってもらっています。

❷ 魚のたん生会社

メダカの学習です。メダカの体のつくりや、飼い方などについて説明します。飼うための教材を一緒に作ったり、卵が生まれたら顕微鏡の使い方を説明したり、さまざまな場面で活躍してくれます。

④ 社会の会社

❶ 歴史会社

歴史について説明します。ある年は時代の長さをグラフにして比較し、説明しました。縄文時代の長さに、みんな驚いていました。また、スライドでまとめ、紹介する場合もあります。説明をニュースにして撮影し、ビデオにする子たちや、歴史人物の神経衰弱を作ってくれた子もいました。

❷ 情報会社

情報の働きについての学習です。情報リテラシーについて項目別に台本を作り、ビデオに撮って編集、発表した年もありました。子供たちの演技もそうですが、内容も分かりやすく、面白いものに仕上がりました。子供たちの力はすごいと、改めて思います。このように、タブレットの配布により、子供たちの会社活動にも広がりができました。

⑤ 国語の会社

❶ 漢字の成り立ち会社

国語はトピック単元を任せることが多いです。この「漢字の成り立ち」の単元もそうです。子供たちは四つの成り立ちについてまとめ、クイズを作ったりしながら、黒板の前で一時間授業をしました。

❷ 方言と共通語会社

この単元では、いろいろな地方の方言を紹介し、その後で方言を使った寸劇を行い、なんと言っているのかを考えるというクイズをしました。みんなが楽しく学べる工夫ができています。

⑥ 会社活動を通して

会社活動は、学期ごとに変わります。はじめはうまくいかないこともありますが、回数を重ねることで、よくなっていきます。また、友達の会社の様子を見て、「次は自分たちもこんなことをやってみよう」と刺激を受けながら活動していきます。自然と振り返りのシステムが生まれるので、探究的な活動でもあると思います。また、みんなが楽しく学べるために何ができるかを考えることも楽しいですが、授業をして、みんなの前でアウトプットすることも楽しいようです。互いに学び合える教科の会社活動は、ぜひおすすめです。

例を挙げて説明することも大切です。ぜひ、これらの取り組みを使ってください。

クッションカバーの作り方を教えている様子

ミシンの使い方を教えている様子

段ボールでキックターゲットを作っている様子

子供たちの声〜卒業生より〜

小学校生活の中で最も強く思い出に残っているものは何だろうと考えたとき、私は「会社活動」をすぐに思い出しました。きっと、私以外の生徒の人も同じことを考えると思います。それくらい、小学校生活においての「会社活動」は、毎週の楽しみであったし、今でも強く思い出に残っているのです。私は四年間、吉岡先生に担任をもってもらっていました。私が務めていたのは、大工会社とお笑い会社、そして体育会社です。大工会社に務めると、その名の通り、学級の大工さんになります。教室に必要だ思うものを決めて、会社活動の時間にコツコツ制作していき、それを教室でみんなに使ってもらうのです。普段の図工の授業とは異なり、みんなのために何が必要なのかをタイムリーで考え制作するのが、大工会社の仕事でした。そして、私が最も長く務めていたのがお笑い会社です。お笑い会社では、自分たちで考えて練習したネタを、手作りの小道具なんかも使いながら披露していました。練習通りにいかないときもあったけれど、みんながどっと笑ってくれる瞬間の幸福感は、今でも忘れません。

高学年では、体育の授業のときに活動する体育会社になりました。跳び箱会社のときは、難易度の高い技など、みんなにコツを覚えてもらおうという考えで、その技に関する歌を作りました。会社のみんなで作詞作曲を全て手がけました。

もう一つは、走り高跳会社でやった体育の授業カードの制作です。それまで体育では、授業後の振り返りがしっかり書けなかったり、提出ができなかったり、授業カードには、あまり前向きな印象をもてずにいた人が少なからずいました。そこで、子供ながらに、みんなが進んで取り組める授業カードを制作しようと考え、作りました。

どこかに会社活動についての思い出を詳しく記しているわけでも、それを読んでいるわけでもないのに、この文章を書いている間、まるでタイムスリップをしているかのように映像として当時の情景が流れ、とても懐かしく、温かい気持ちになりました。つまり、それほどまでに、私にとって、「会社活動」はとても内容の濃い最高な思い出だったのだと思います。そして、改めてじっくり、ゆっくりと考えていると、「みんなで」「みんなのために」という言葉が何度も浮かんできたことに気づきました。

その都度その都度、現時点で学級に必要なもの、あったらいいものを自分たちで考え行動し、みんなのために制作していく力と、それに伴う幸福感は、一般的な係活動では、得られないものなのだと感じます。この「会社活動」では、そんなことが学べるものなのではと感じました。
当時の私たちには、このような考えは一切なかったにしても、今、こうして振り返ると、しっかりと思い出とともに私の力として残っているのです。きっと、私以外の、〝よっしーチルドレン〟も、同じなのだと思います。

中村　柑夏

子供たちの声

吉岡先生のクラスでは、教科の会社活動があります。いろいろな会社があり、単元を決めてグループで話し合ったり、スライドやカルタなどを製作したり、みんなで協力しながら発表していく活動です。

五年生のとき、私は社会の会社でした。学習内容を調べて劇にしたり、タブレットを使ってスライドを作ったりしてみんなに発表しました。一番楽しいと思ったことは、同じ会社の人と会議をしたり仲良くスライドや説明文を書いたり、作ったりすることです。

六年生では保健会社を担当しました。病気の予防についての学習をもとに、人生ゲームを作り、みんなが楽しく学べるように考えました。いろいろ調べたりすることで、新しい知識を得たり、自分自身学ぶことができました。

私は、会社活動を通して、興味をもったり詳しくなったりしました。一人一人が耳を傾け、同じ会社の人と意見交換やそれをまとめたりして、クラスの雰囲気もよくなりました。

様々なことに興味をもち、学べる環境があり、とてもよい経験ができて、大きく成長できる時間です。みんなが聞いてくれたり楽しく学んだりして、私は会社活動が大好きです。

経験したことを生かし、これからもいろいろ学んでいきたいです。

柳下　陽菜

読書活動

ＩＣＴ機器の活用により、子供たちが隙間時間に読書をするという経験が少なくなっているように思います。ベネッセの「子どもの読書行動の実態―調査結果からわかること―」（２０２３年）では、読書量が０時間の児童が約半数いると結果が出ています。ＹｏｕＴｕｂｅやＴｉｋＴｏｋなどの普及により、動画を見ることに慣れている子供たちは、文字からの情報を得る機会が少なくなっているのかもしれません。

しかし、本を読んでその世界を味わうことも経験してほしいと思っています。私が読書活動で取り組んでいる大きな活動は二つあります。一つは「ミニビブリオバトル」、もう一つは「ブッククラブ」です。

① ミニビブリオバトル

ビブリオバトルは五分間でおすすめの本を紹介し、聞き手に投票してもらいチャンプ本を選びます。いわゆる「本の紹介バトル」です。ミニビブリオバトルは小学生向きのもので、三分間で本の紹介を行います。紹介の文章を書いて原稿を読むのではなく、紹介する本の面白さをいかにアピールできるかがポイントとなります。ですから、メモ程度のワークシートで考えをまとめ、本番は自由にプレゼンします。はじめは同じ学年同士でやりますが、慣れてきたら一・二年生に絵本を紹介したり、三年生、四年生など、下級生にもその学年に応じた本を選んで紹介します。そして、グループごとに読んでみたい本を投票してもらい、チャンプ本を決めます。

友達の話を聞いて、今まであまり本に慣れ親しんでいなかった子も、本に興味をもちますが、それだけでなく、紹介の仕方も刺激を受けて「もっとこうしたい」となり、だんだん発表の仕方も上手になっていきます。読書活動ですが、コミュニケーション能力の育成

という観点でもおすすめの活動です。発表は三分ぴったり使います。三分を過ぎてしまってもダメですし、三分より短くてもダメです。三分をしっかり使い切って発表します。

授業の流れは次の通りです。

① 紹介したい本を選んで読む。
② ワークシートに発表メモを書く。
③ 練習をする。
④ ミニビブリオバトルをする。
⑤ チャンプ本を決める。

他学年との交流にもなり、紹介した本をしばらく貸しておくと、読書の輪が広がります。投票では、一票も入らない子もいます。聞いているメンバーにもよりますし、状況によって票は変わります。子供たちには、「よい本を選ぶことが大切だから、たくさん読んで選んでみよう」と伝えています。

②　ブッククラブ

ブッククラブは、同じ本を読んで一緒に語り合う活動です。本を読むのが苦手な子でも、友達と一緒なら読めるということがあります。ブッククラブでは本を一気に読むのではなく、何回かに区切って読み、交流してまた続きを読んでいくということを繰り返します。

はじめは、教科書の教材で取り組み、やり方が分かったところで、私のおすすめの本を読むようにしています。

一冊の本を三〜四回に分けて読み、読んだときに感じたことや疑問、その先の予測、好きな場面など、様々な観点で感じたり考えたりしたことを付箋に書き、貼っておきます。読んだらグループの友達と付箋に書いてあることを中心に交流します。

五年生では、教科書に載っている「カレーライス」で行いました。低学年のときは「ミリーのすてきなぼうし」でやりました。

授業の流れは次の通りです。

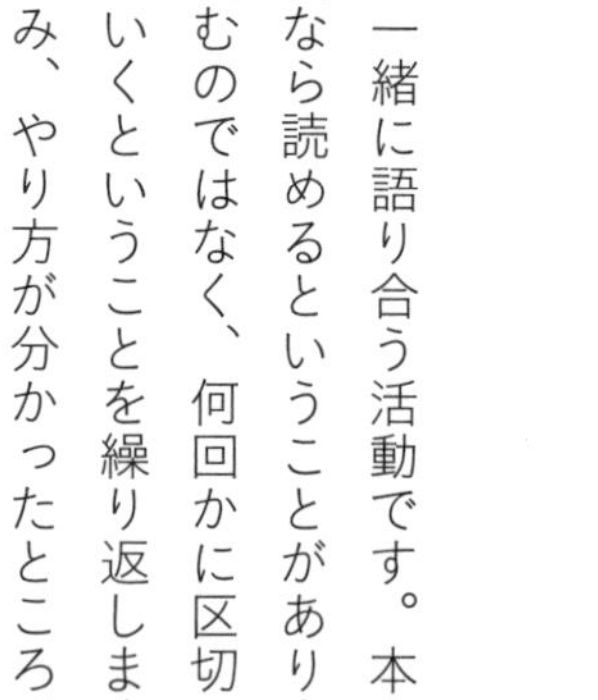

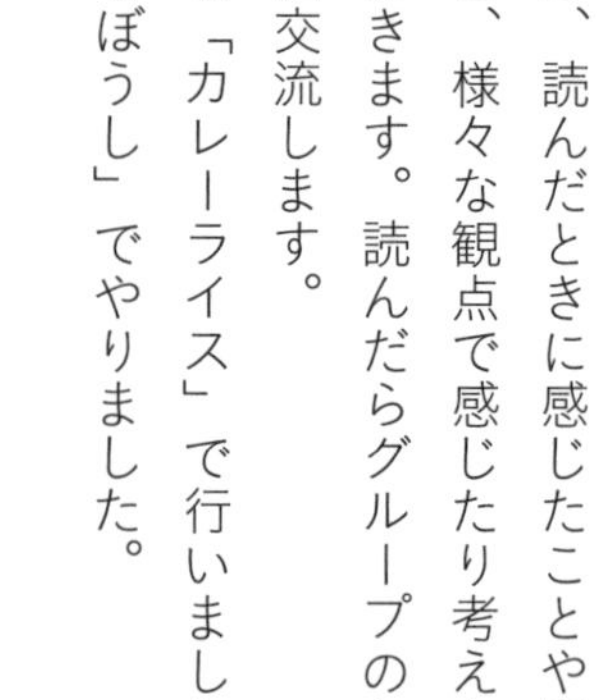

①　はじめに本の紹介をしてから選んでもらいます。冊数が決まっているので、調整しながらなるべく自分で読みたい本を選べるようにします。
②　同じ本を読むグループで、どこまで読むかを決めます。だいたい四回ぐらいで読み終えるように決めます。
③　読む場所が決まったら、読み始めます。一度読んでから、もう一度読み直しながら付箋を貼ってもいいし、読みながら貼ってもいいし、自分で選んで取り組みます。大体の子はまず読んでから付箋を貼っています。
④　次のブッククラブの日を決めて、その日までに読んで付箋を貼っておきます。時間がない場合は読むだけでもよしとします。
⑤　授業の前半一五分ぐらいで交流します。付箋に書いてあることを発表するだけでなく、そこから話を広げていくように声かけをしていきます。
⑥　交流が終わったら続きを読みます。ブッククラブでは、先へ読み進めずに我慢するよう伝えています。「早く続きが読みたい」と夢中になって読む子が増えます。
⑦　これを繰り返して一冊読み終えたら終わりです。

本は図書館で借りられる場合もあるかもしれませんが、私は付箋を貼ることを考えて複本を自分で用意しています。ある程度用意しておくと「次は他の本」と、何回でも使えます。また、いろいろなジャンルの本を選ぶこともそうですが、読むのが苦手な子向けの本も用意しておくことが大切です。

シーンとした教室で、自分が選んだ本を黙々と読んでいる様子は、とてもいい時間です。また本が苦手な子でも、「友達と一緒だと楽しかった」と言う子が多いです。

五年生のときに、ほとんど本を読んでいなかった子が、『永遠の夏休み』という厚い本を読み切ったことがありました。「初めてこんなに本を読んだ」と言っていたときの自信や達成感に満ちた顔が素敵でした。本の世界を味わって、自分でも気になった本を読んでほしいと願いながら続けています。

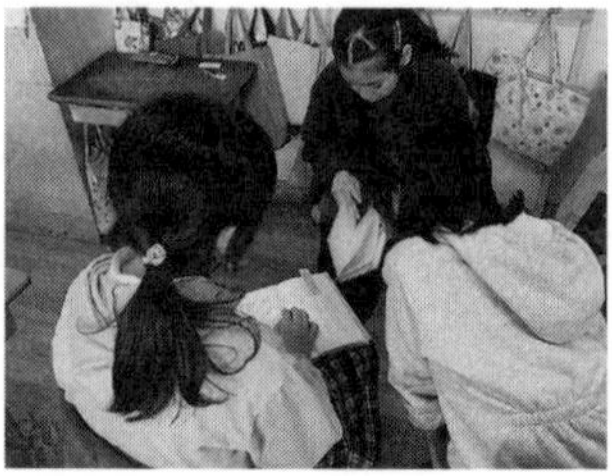

③ 青空の下で

春や秋の天気のよい日には、校庭で読書をすることがあります。これは、岩瀬直樹さん（軽井沢風越学園校長）の実践を参考にしました。

例えば、理科の実験や観察で校庭へ出るときには、内容に関連している絵本を読み聞かせしたり、図書の時間に校庭で本を読んだりしています。理科の「天気の変化」の単元では、校庭で雲に関連した絵本の読み聞かせをします。その後、校庭で雲の動きを観察しました。また、国語の授業で音読を中心に行うときには外に出てみんなで音読したりします。

ブッククラブの本も校庭で読みました。秋の気持ちのよい天気の日には風を感じながら読むのも楽しいものです。ブランコに座って読む子、芝生に座って読む子、ジャングルジムに登って読む子、それぞれが好きな場所を選んで読んでいます。子供たちからも好評で「またやりたい」と振り返りにたくさん書いていました。ぜひ、試してみてください。

グループワーク・トレーニング

グループワーク・トレーニングは、グループで課題を解決し、そのときのことを振り返ることにより協力のよさや互いに関わり合うときにどのような言動をすればよいかなどの気づきを得られるプログラムです（日本学校グループワーク・トレーニング研究会ホームページより）。

対話を育みながら友達と協力して課題を解決し、振り返りを行い、さまざまな気づきが生まれます。私は本を読んで勉強しましたが、取り組んでいてとても効果があると感じています。ＰＡ（プロジェクトアドベンチャー）の体験学習のサイクルと同じで、子供たち同士の関係が温かいものになります。

カードを配って、情報を共有しながら課題を解決したり、間違い探しの絵を言葉だけで伝えながら解決したり、とても楽しい活動です。後述の参考図書に、たくさん例が載っているので、ぜひ参考にしてください。

話し合っていると、だんだん子供たちの頭が寄ってきて、一緒に考えている様子が分かります。夢中になって課題を解決するので、達成できたときの喜びも大きいです。

［参考図書］

『改訂　学校グループワーク・トレーニング』（図書文化社）

『学校グループワーク・トレーニング３・４』（図書文化社）

よっしー通貨

私の学級では、クラス通貨を使っています。これはフリーランス・ティーチャーの田中光夫さんの実践を参考に始めました（『マンガでわかる！小学校の学級経営　クラスにわくわくがあふれるアイデア60』明治図書、参照）。これは心理学の「トークン法」の理論を使っています。私のクラスでは、「10よっしー」「100よっしー」「500よっしー」「1000よっしー」などと、いくつかの通貨があり、クラスの当番・仕事、漢字練習や自学ノートなどを行うと通貨がもらえる仕組みになっています。

他にも「よっしービンゴ」という漢字ビンゴもやっています。これは、毎週行っている漢字テストに出てくる漢字を九マスのビンゴカードに書いて、漢字会社が作ってくれた漢字カードをランダムに選んで

ビンゴをするというものです。一ビンゴで五よっしー、漢字テストの日はポイント二倍など、ルールを決めています。漢字練習にもなるし、楽しみにもなる一石二鳥の取り組みです。たくさんビンゴカードを書けばたくさん通貨がもらえます。毎回五分程度書く時間を渡しますが、隙間の時間を使って書いている子もいます。これを始めてから、漢字テストの点数も上がりました。

また、たまに「よっしージャンボ宝くじ」も行います。これは単なるお楽しみです。宝くじを買って番号が当たるとよっしーがもらえます。

使い道はいろいろありますが、給食の「おかわり優先券」があります。三つのランクのおかわり券があって、おかわりするものによってそれぞれが使っています。他にも「ごほうびシール」は「20よっしー」、タブレットの充電をしたいときは「50よっしー」、忘れ物は「10よっしー」などと決めています。内容は子供たちと相談して決めています。

会社活動によっしー通貨を使ったこともありました。会社に使うものは通貨で購入し、会社の貢献度によってみんなでお金を払うというシステムです。

貯金するのを楽しんでいる子もいます。全員で「30000よっしー」集まったら何かをする、というのも面白いと思います。

「お金のためにやるのか」という意見もあると思いますが、私たちも仕事に対価を求めます。子供たちにもその価値を知ってもらうことも大事だと思います。高学年ではだいたい行っていますが、保護者からも好評です。仕事をしても通貨をもらわない子もいますし、それぞれが自分で考えて使っています。

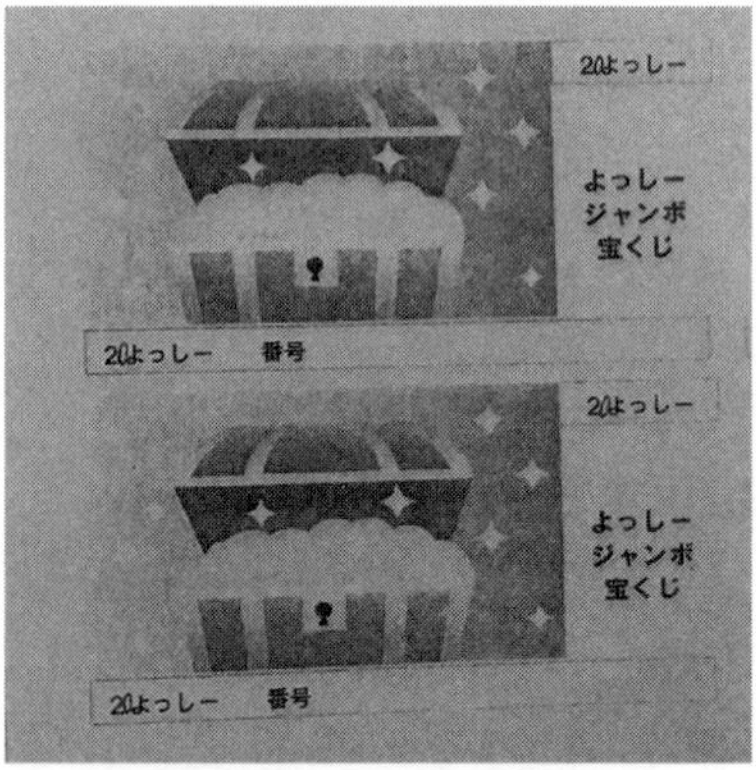

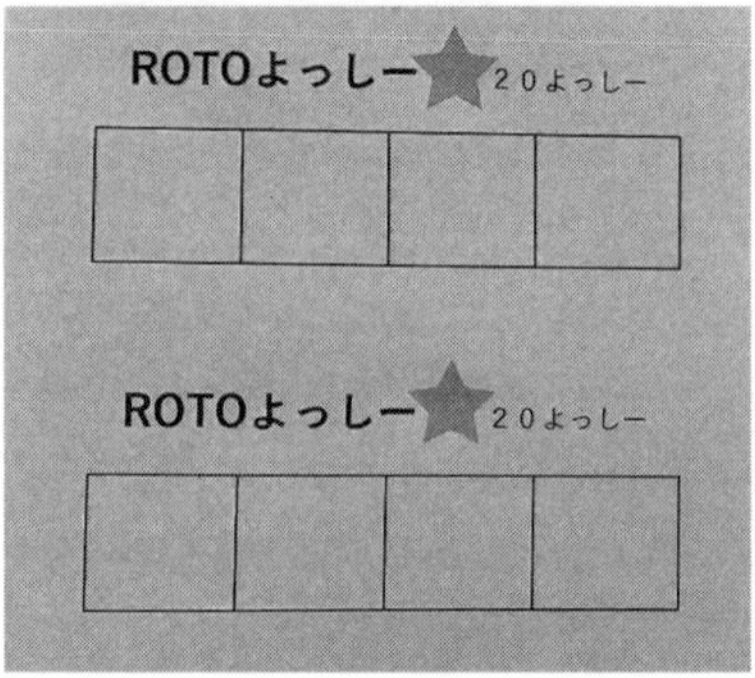

第4章

概念型探究に挑戦する

概念型探究とは

『思考する教室をつくる　概念型探究の実践：理解の転移を促すストラテジー』（北大路書房）には次のように書かれています。

探究型学習は「教師および生徒による能動的な問い」を学習の原動力として用いることに重点を置いている。一方、概念型学習は教科の中で、また教科をこえて転移することのできるアイデアを構築することを中心に学習が構成されている。
概念型探究は、「探究型学習」および「概念型学習」というふたつの指導のアプローチを統合したものである。

私は、この概念型探究を学んでから試行錯誤しながら実践を続けています。本来はＩＢ校（国際バカロレアを実践している学校）で広く取り組まれているものですが、公立学校でも実践していけると、実践してみて感じています。

概念型探究については、「概念型のカリキュラムと指導」公認トレーナーの秋吉梨恵子さんから学んでいます。概念型探究についての講座を数多く行っているので、興味のある方はぜひチャレンジしてみてください。

概念型探究では、概念を追いながら単元の学習を行います。いくつかの教科を横断しながら同じ概念を通して学んでいきます。複数の概念の関係性を明文化したものを「一般化」といいます。概念型探究では、この一般化を導き出していくことを目標にしています。私の場合は、まず中心となる概念や一般化を考えることから始めます（この後、p.178に単元計画の立て方がありますので、参考にしてください）。

私は学びの途中なので、「私の実践が概念型探究だ」とはまだ言えませんが、概念を追う授業は、とても楽しく、子供たちの成長につながると考えています。ここでは、分からないなりに実践してきたことを紹介したいと思います。

概念型探究の計画の立て方

（吉岡の例）

1. 概念型探究で取り組む教科や単元を決める。

2. 学習指導要領にかかれている言葉からキーワードになる言葉を探し、概念を決める。

3. 概念が決まったら、複数の概念を関連付ける一般化を決める。

4. 単元の計画を立てる。学習内容や問い立てを考える。

※詳しく知りたい方は『思考する教室をつくる　概念型探究の実践：理解の転移を促すストラテジー』（北大路書房）を参考にしてください。

事例1 多様性は人々の世界を豊かにする

この単元では、多様性や関係という概念に焦点をあてて考えました。

最終的な一般化は「多様性は人々の世界を豊かにする」です。この言葉にはどんな意味があるのか、授業を通して考えていきました。

教科は「学級活動」、「体育の保健」、「総合的な学習の時間」を合科的に取り組みました。

子供たちにとっては二回目の取り組みだったので、前回よりもたくさんの意見が出てきました。

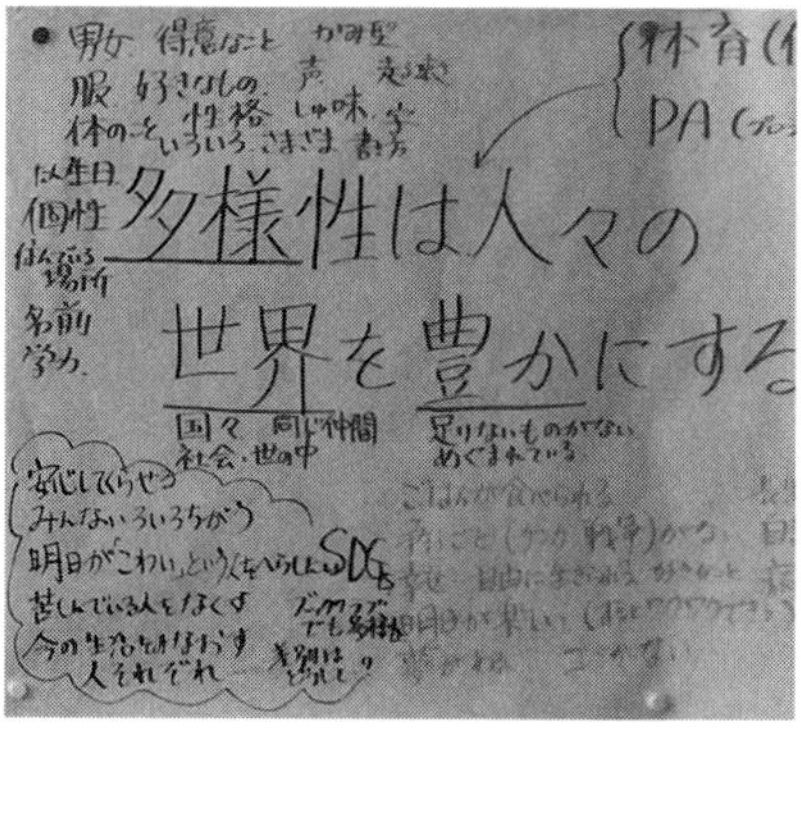

授業の流れは次の通りです。

①　テーマについて話し合う。「総合的な学習の時間」「学級活動」「保健」の授業で取り組むことを伝える。
②　学活で友達について深く知り合うアクティビティをする。
③　保健の「心の発達」で発達の仕方は人それぞれであること、発達するにはさまざまな経験が必要であることを知る。
④　ゲストティーチャーとして体験教育のファシリテーターを招いて、全員で体験をする。
⑤　今までの学習を通して、多様性と豊かさについて考えたことをグループで話し合う（ホワイトボード・ミーティング®）。
⑥　話し合ったことを全体で交流する。
⑦　話し合ったことをもとに、「多様性は人々の世界を豊かにする」というテーマでオブジェを作る。

①　テーマについて話し合いました。「多様性って何だろう」「世界とはどこのこと？」「豊かさって何？」などと言葉から考えたことを出し合いました。前回よりも、言葉の意味について一生懸命言葉にしようと考えている子がたくさんいました。

②　友達と知り合うアクティビティを行いました。終わった後に振り返りを行いました。「人それぞれなのだと実感した」「自分が思っていたことと違う結果だった」などといろいろな意見が出ました。自分が思っていることは狭い世界のことなのかもしれないから、もっと関わってみることが必要なのかもしれないという気づきがありました。

③　保健の学習で、発達の速さや経験値は人それぞれで違うこと、ストレスの解消法も人それぞれであることなど、さまざまな振り返りが出ました。

④　体験教育のファシリテーターの方を呼んで二時間じっくりと課題解決学習の体験をしました。ここでの活動で子供たちの学びがぐんと深まった気がします。

⑤　体験したことをもとに、多様性について考えたことをそれぞれ短冊に書き、同じ意見をまとめながら全体で話し合いました。

【子供たちの振り返りより】

・一人一人みんな違うことだと思う。一人一人考え方もやることも違うから、たまに対立しちゃうことがあるかもしれないけど、相手のことを考えて行動するのが大切だと思う。

・一人一人全然違って、それが多様性があって普通だと思う。人の成長、心の成長は人それぞれということが分かった。

・一人一人違う。みんな一緒のほうが変だと思った。

・一つの言葉でも、捉え方がみんな違う。

・ロープを使った活動で、男女関係なく引っ張ること

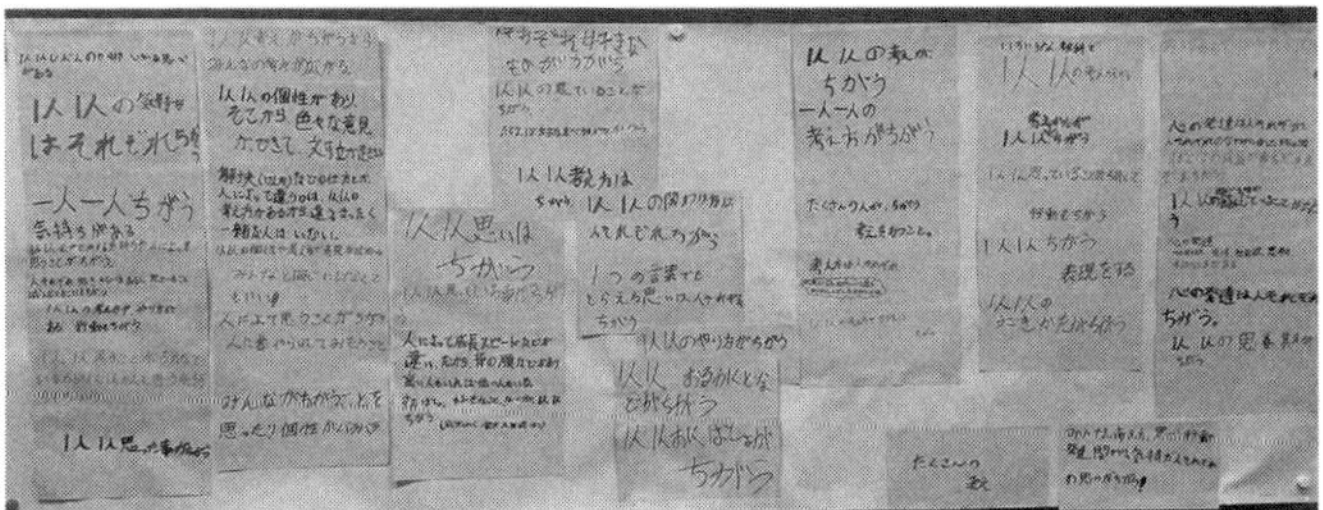

子供たちから出た意見

ができなかったけれど、どうしてやらなかったのかを振り返って、やろうと思ってやってみたら全然平気だった。

・一人一人の思いがあって、それを受け入れないと多様性でなくなるから豊かじゃなくなる。人に対して傷つくことを言うのも同じこと。それが減れば豊かになる。

・一人一人の考え方が違って、それを受け入れるということなのかもしれない。そのときにケンカしたりして受け入れていくことで、世界が広がるのかもしれない。一人一人の考え方が違うからこそ豊か。

・一人一人の個性があって意見が広がる。意見が広がって意見が交流できていろいろな考え方ができる。それがないと、自分の意見しかなくなる。

・考え方がみんな同じだと脳も発達しないし、心も成長しない。考え方とか成長も一人一人違うことが多様性。

・行動が同じだと逆に気持ち悪い。行動が同じだと成長しないし、脳も発達しない。男女関係なくするのがいいと思う。

・一人一人違う。みんな同じ方向にしか向いていなかったらみんな同じ方向にしか行かないから怖い。違う方向に行っているから多様性だと思う。

・一人一人違うところがある。いろいろな人と話すことで自分の考えが広がる。男女関係なくやれない人はそれを否定している人だと思う。
・思っていることが人それぞれ違って、その思いが広がって、豊かさを出すと思う。違う意見をもった人がまた別の意見を言って、それで自分の意見が変わることもあるし、そうなんだってなったりする。
・一人一人みんな違うから、失敗しても怒る人もいればモヤモヤする人もいるから多様性なんだと思う。
・一人一人が違うから、思っていることが違うし考えていることが違う。だから面白い。違う人とやると意見が広がる。

これらの意見をもとに、次の時間へつなげていきました。

⑥　みんなから出た意見をもとに、ホワイトボード・ミーティング®の企画会議を使って、話し合いました。

企画会議
発散「多様性から生まれる豊かさとは」（一人四分）
収束「大事なこと」（五分）
活用「どんなオブジェにしたいか」（一〇分）

企画会議で話し合ったことをもとに、言葉からイメージしたものを形にしていきました。

⑦　図工の先生と相談し、廃材を使ったオブジェを作りました。一人で作ってもいいし、グループで作ってもいいとして、自分で選んで取り組みました。それぞれが思い思いの形を作り、できあがった作品はどれも想いが込められていて、見ていて楽しかったです。

事例2　偏見や差別のない社会は、人が人として生きられる

これは六年生のときに取り組んだ単元です。同じ子供たちで三回目の取り組みでした。単元のテーマは「偏見や差別のない社会は、人が人として生きられる」です。差別を受けている人たちの想いを受けて、「相互理解」に焦点をあてて考えました。人権尊重校として取り組んだときのもので、ジェンダー平等やハンセン病について取り組んだ事例です。教科は「総合的な学習の時間」「道徳」「国語（書く）」で合科的に取り組みました。ファシリテーション（ホワイトボード・ミーティング®）が浸透していると、カリキュラムマネジメントもスムーズに行うことができます。事例1（p.179）でもそうですが、学習したことが他の場面でも「これって、この前やった多様性と同じじゃないか」「人として生きるについて考えたときと同じだ」などと活かされる（転移する）ようになります。子供たちからその言葉が出てくると、活かされているな、と嬉しくなります。

授業の流れは次の通りです。

① テーマについて話し合う。この単元を総合的な学習の時間、国語、道徳で学習していくことを話す。
② SDGsについて知り、調べる。
③ IKEAの方から、ジェンダー平等について話を聞く。
④ 道徳で人権プログラムにある男女平等についての教材を使って授業する。
⑤ IKEAの方の話を聞いて疑問に思ったことや、ジェンダー平等について調べたいことを調べ、スライドにまとめる。
⑥ スライドの発表会をする。
⑦ ハンセン病についてのDVD教材でハンセン

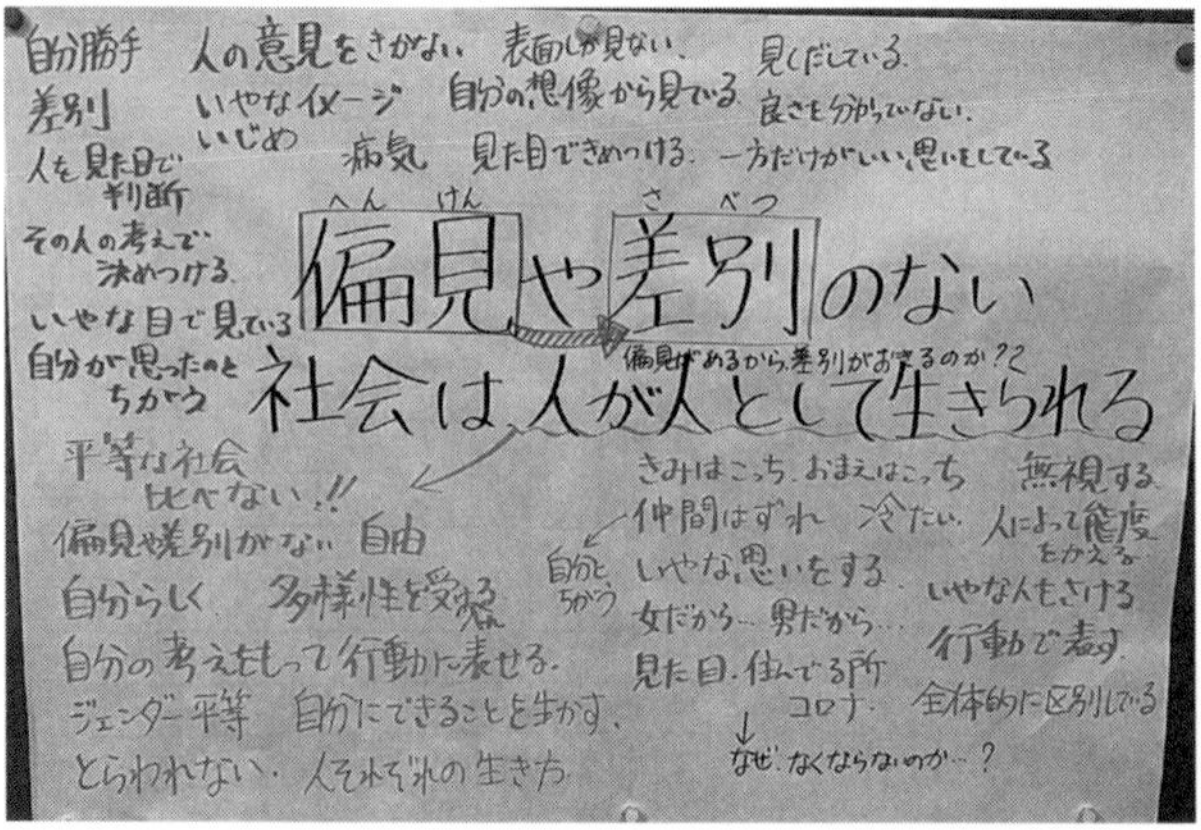

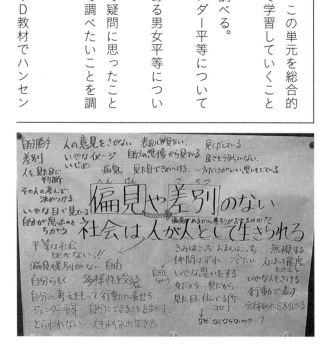

病について知る。
⑧ハンセン病について国立ハンセン病資料館の方から話を聞く。
⑨ハンセン病について調べる。
⑩偏見や差別について考えたことをグループで話し合う。（ホワイトボード・ミーティング®）
⑪話し合ったことをもとに、偏見や差別がなくなるために必要なことについて話し合う。
⑫国語の授業で、偏見や差別がなくなるために自分たちにできることについて提案書にまとめる。
⑬提案書に書いたことを実行するために、ポスターやスライドなどにまとめる。
⑭提案内容を発表したり掲示したりしながら、偏見や差別についてまとめる。

① テーマについて話し合いました。今回は、「偏見や差別」や「　」言葉の意味だけでなく、そこから生まれた疑問なども話の中に出てきました。子供たちが繰り返し取り組むことで、成長が感じられ、驚くことがたくさんありました。

② 省略

③ ゲストティーチャーとしてＩＫＥＡの方から、企業での男女平等の取り組みについて話を聞きました。子供たちが「社長」の絵を描いたのですが、ほとんどの子が男の社長さんの絵を描いていました。「どうして社長は男の人だと思ったの？」と問いかけられて、子供たちは「なるほど……」と考えていました。

④ 道徳で人権プログラムに載っている「性的指向」についての教材に取り組みました。赤いランドセルを背負っている男の子がからかわれているシーンでは、「僕も赤が好きだから。赤いランドセルを買いたかったけれど、赤は女の子の色だからと言われて買えなかった」「好きなものは好きだと言える環境が大切」「男子も女子も関係なく遊んでいい」などと、たくさんの意見が出ました。

⑤ 省略

⑥ 作ったスライドを発表し、聞いた後にホワイトボード・ミーティング®でペアトーク

をしました。意見交流をしてから、振り返りを書きました。

⑦〜⑨　省略

⑩　一学期に調べたこと（ジェンダー平等）や二学期に調べたこと（ハンセン病）について自分が考えたことを企画会議で話し合いました。

企画会議

発散「偏見や差別について考えたこと」（一人三分）

収束「なくすために大事なこと」（五分）

活用「みんなへのメッセージ」（五分）

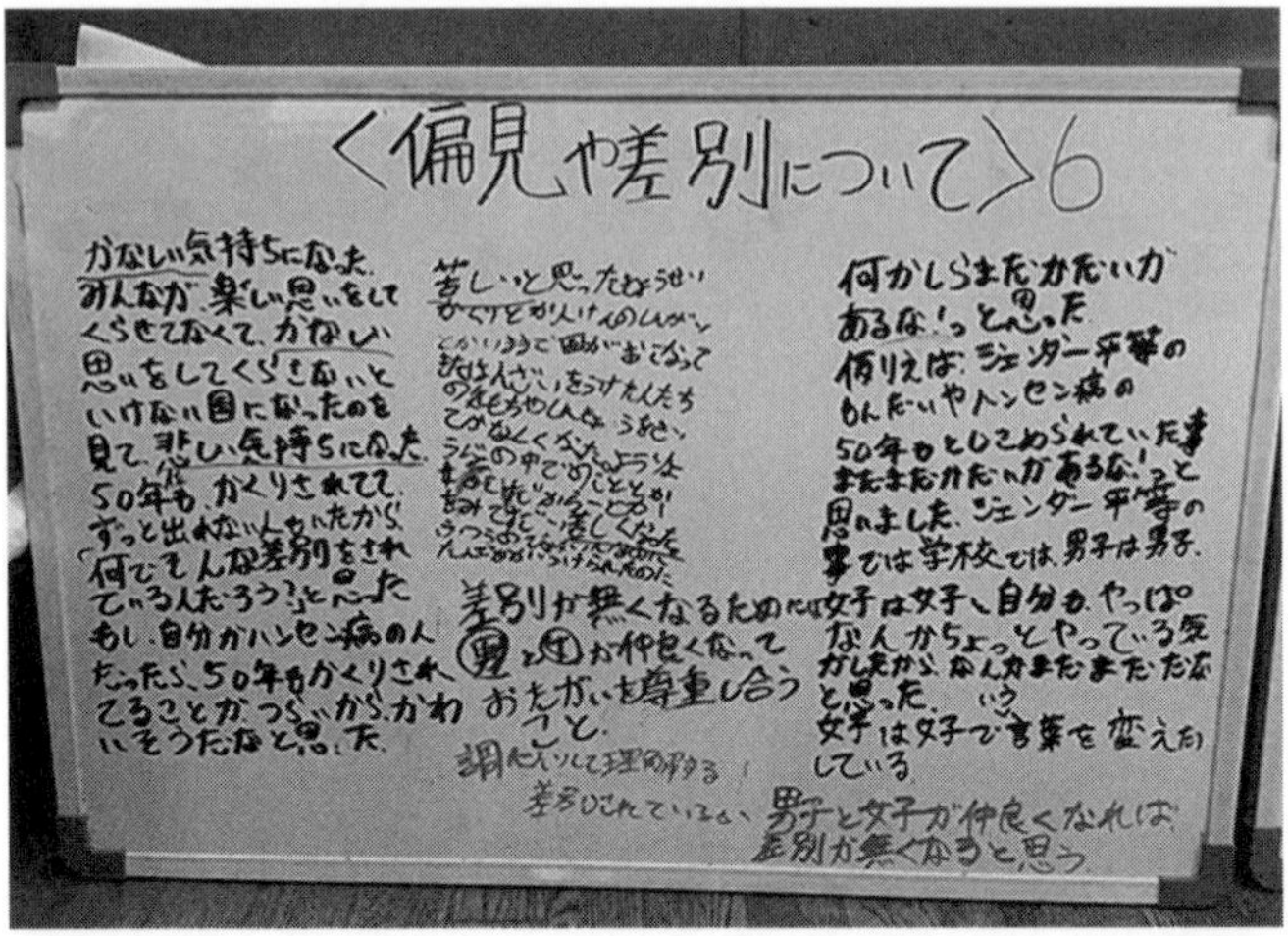
〈偏見や差別について〉6
差別が無くなるためには男と女が仲良くなって
おたがいを尊重し合うこと。
男子と女子が仲良くなれば
差別が無くなると思う

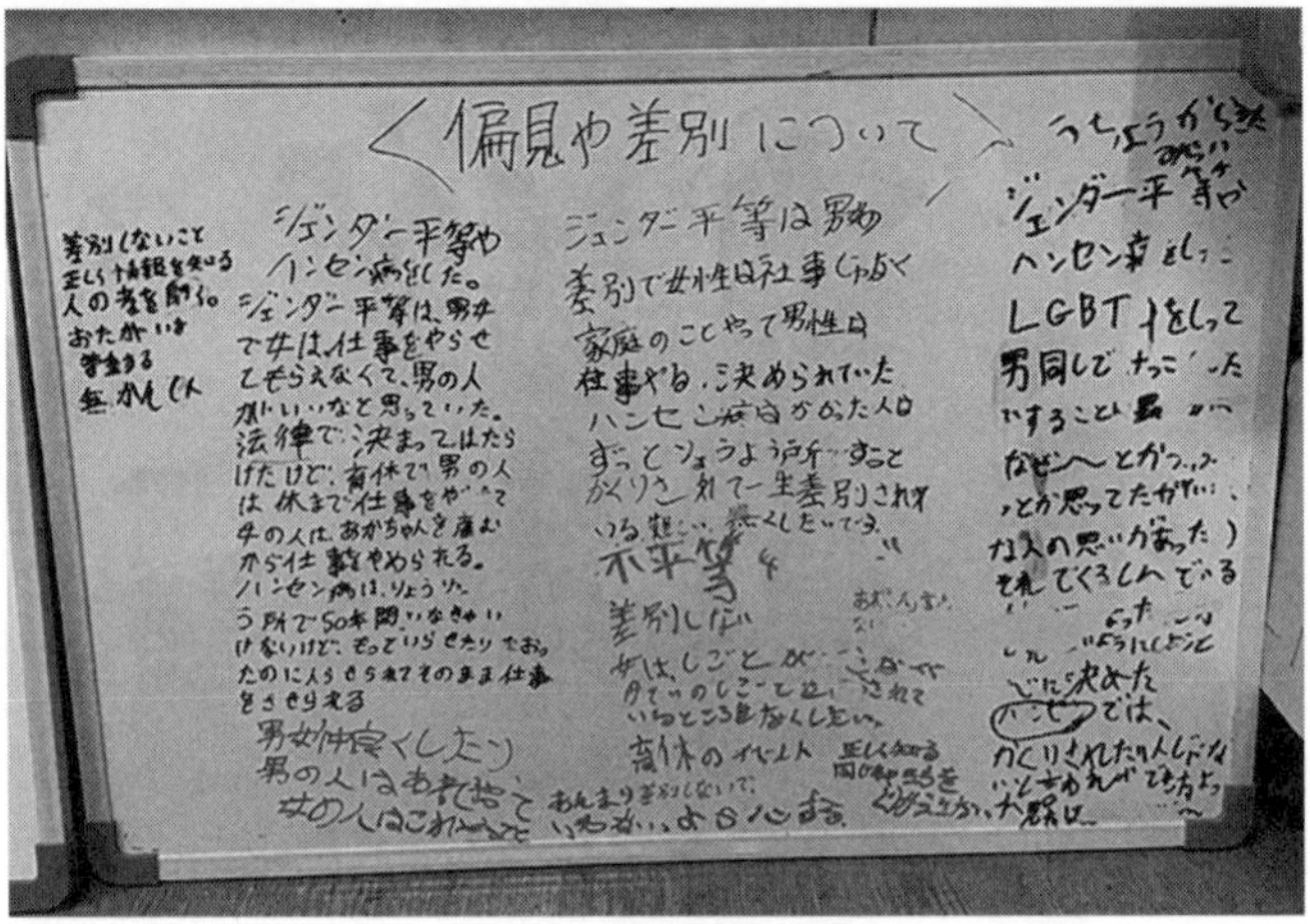
〈偏見や差別について〉
LGBTを知って

子供たちから出た意見

⑪　話し合ったことをもとに、偏見や差別について学んだことから出てきたキーワードをまとめました。短冊に書いたものを模造紙に並べてグループ分けをし、可視化して確認しました。これをもとに、次の国語の時間に進みます。

⑫　国語の「わたしたちにできること」（旧教科書）で、「偏見や差別のない社会にするには」という内容で取り組みました。今まで総合で取り組んできたことを題材にするので、すぐに提案文を書く作業に入れます。ワークシートを使って、自分の考えをまとめ、提案文を書きました。ホワイトボードやみんなでまとめた模造紙を参考にしながら書くので、自分たちで取り組むことができます。

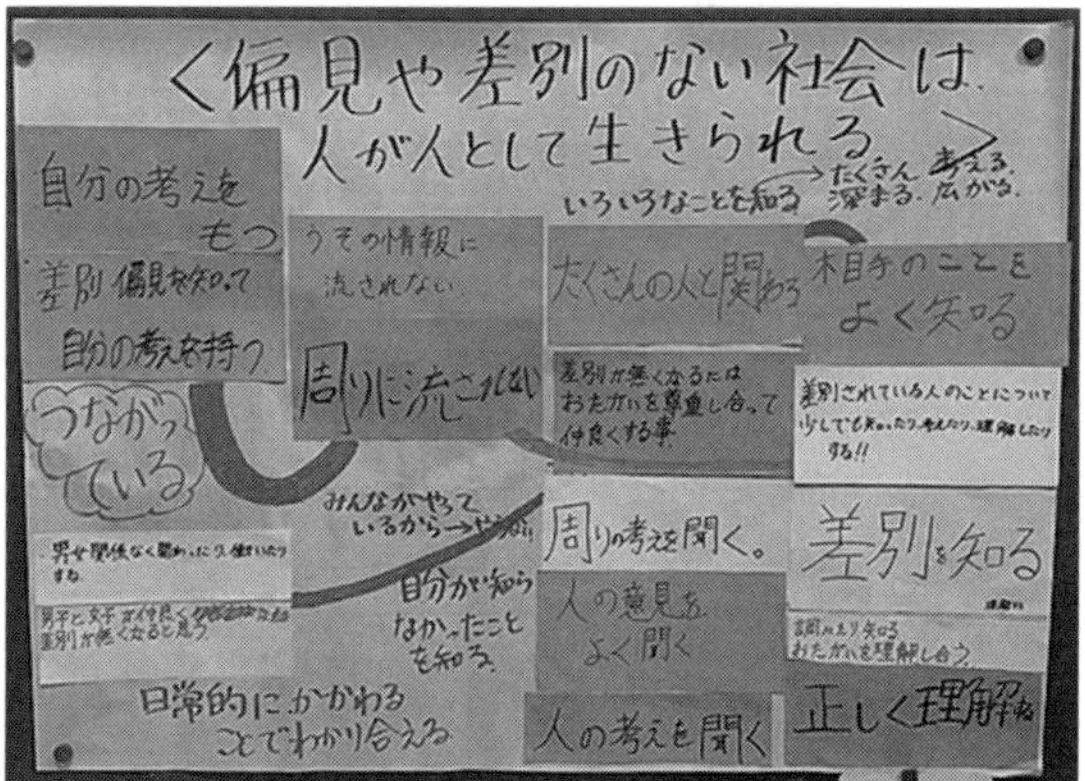

⑬〜⑭　総合的な学習の時間で、提案文で提案した内容を実際に行動に移します。ポスターを作成する子、新聞を作る子、全校に発表するスライドを作成する子、それぞれが校

内にポスターを貼ったり、市の施設へ新聞を貼りに行ったり、全校にスライドで発表したりして単元を終えました。

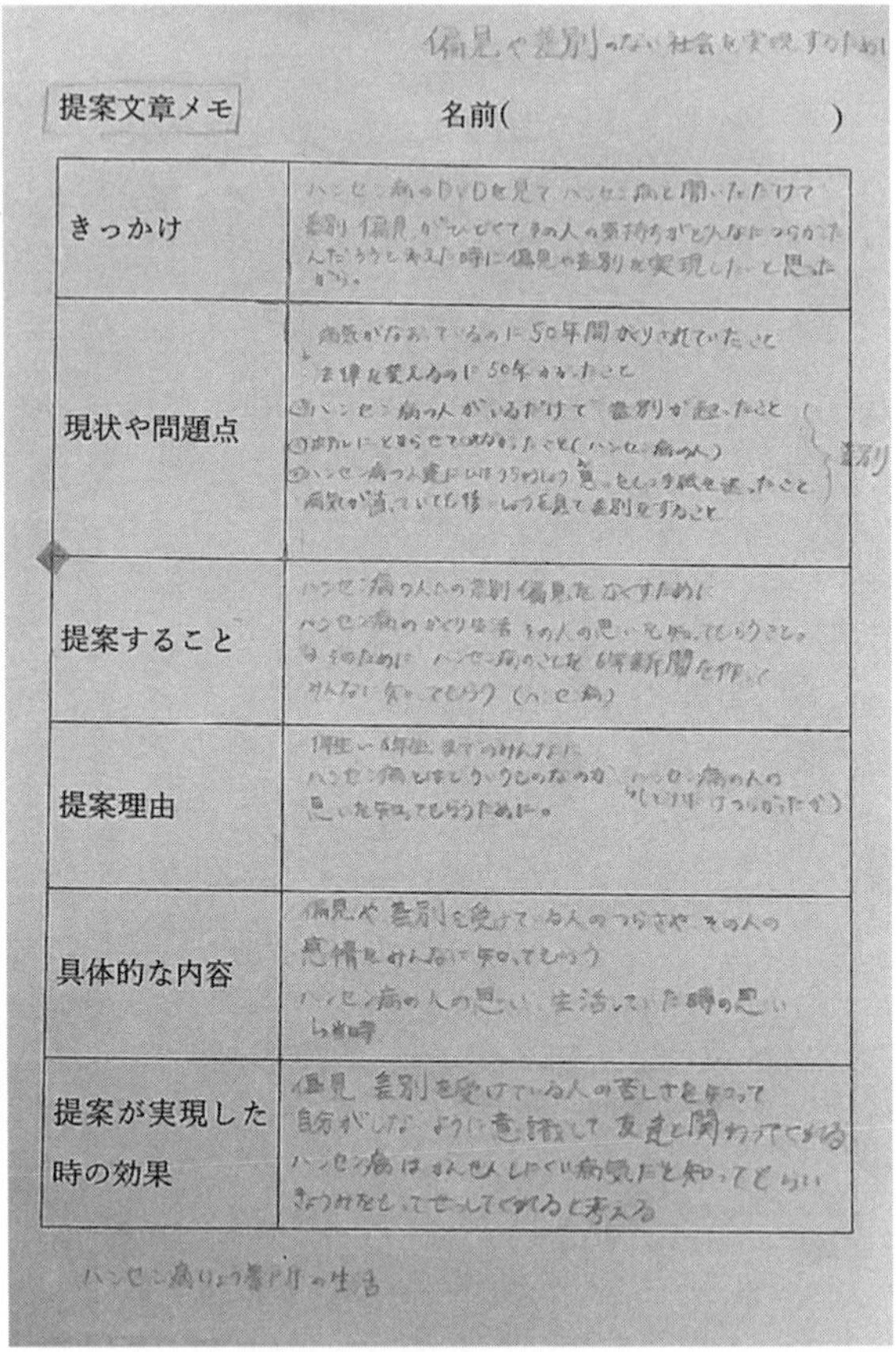

偏見や差別のない社会を実現するために

提案文章メモ　　名前(　　　　　　　)

きっかけ	ハンセン病のDVDを見て
現状や問題点	病気がなおっているのに50年間かくりされていたこと
提案すること	ハンセン病の人たちの差別偏見をなくすために
提案理由	
具体的な内容	偏見や差別を受けている人のつらさやその人の感情をみんなに知ってもらう
提案が実現した時の効果	偏見差別を受けている人の苦しさを知って

子供たちが書いたメモ

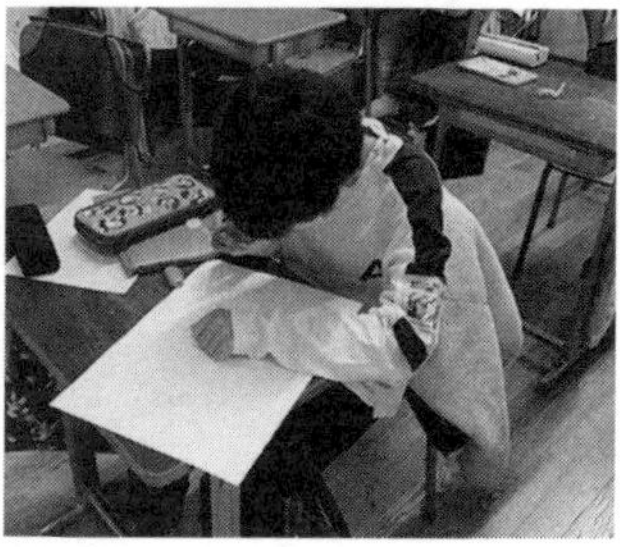

提案した内容に取り組んでいる様子

事例3　私たちの思考やチームの関係性は技能に影響をもたらす

これは、五年生の体育を単科で取り組んだ事例です（はじめと終わりは総合で取り組む）。体育は、テニス型のゲームで行いました。子供たちには初めての概念型探究でした。

授業の流れは次の通りです。

①「私たちの思考やチームの関係性は技能に影響をもたらす」について話し合う。
②体育の授業で毎時間概念につながる問いで振り返る。
③振り返った模造紙を見ながら、三つの視点について

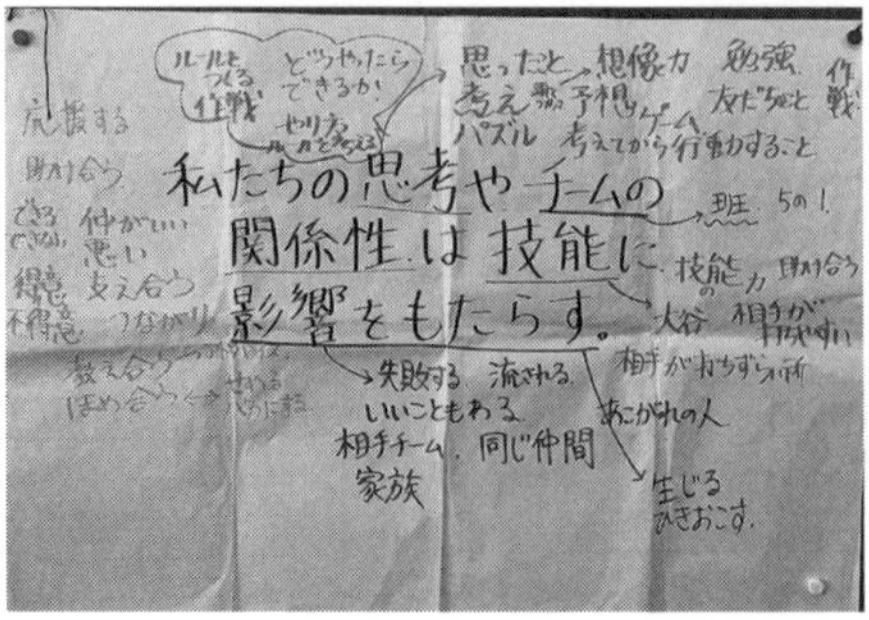

関係性を見つける。

④ 体育の授業で毎時間概念につながる問いで振り返る。

⑤「私たちの思考やチームの関係性は技能に影響をもたらす」について自分の考えを話し（ホワイトボード・ミーティング®）、まとめをジャーナルに書く。

① 省略

② 体育の授業で、毎時間授業の振り返りで、「チームが良くなるために必要なこと」「うまくラリーが続くために必要なこと」「チームが得点するために必要なこと」の三つの視点で話し合い、出てきた意見を模造紙に書きました。

③ 授業が終わった後に、三つの視点にどんな関係がある

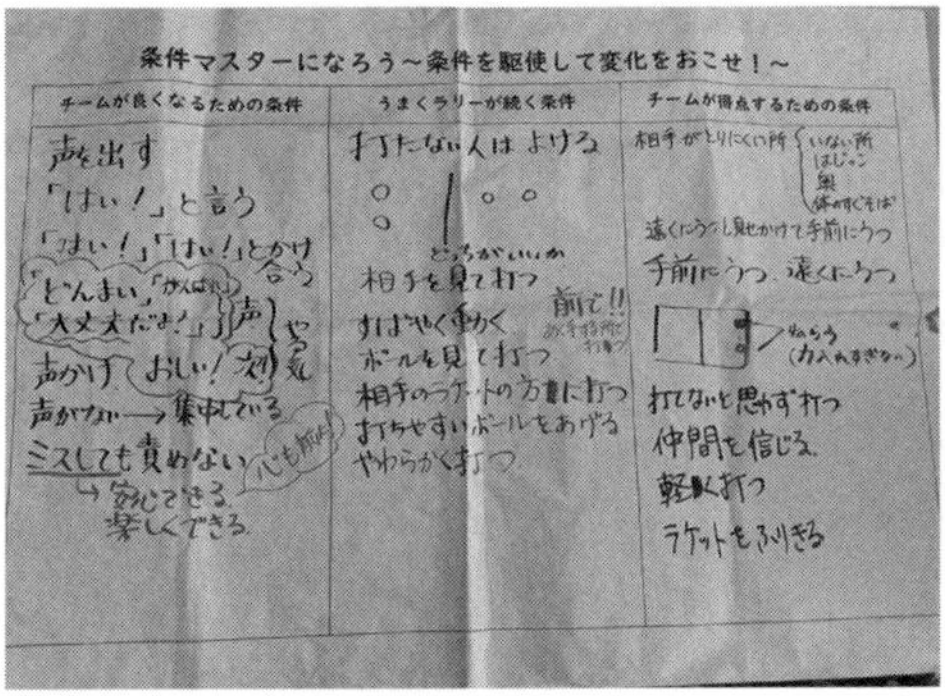

かを話し合いました。「どの視点にも『いい声かけ』が入っている」「チームがよくなる条件にも、得点するための条件にも『支え合う』ことが書いてあるから、この二つもつながっている」など、意見が出てきました。

④　まとめの活動としてホワイトボード・ミーティング®でペアトークをしました。

ペアトーク(今回は発散のみ)
発散「私たちの思考やチームの関係性は技能に影響をもたらす」について、どう思いますか?

意見交流をしたら、ホワイトボードを参考にしながら、振り返りジャーナルに書きました。

事例4　多様な考えや経験は自身に影響を与え、未来を変えていく力になる

この単元は、総合的な学習の時間の「まちづくり学習」を軸に取り組みました。「総合」「国語」「社会」「保健」を組み合わせた大きな単元です。

授業の流れは次の通りです。

①「多様な考えや経験は私たちに影響を与え、私たち自身の力で未来を変えていく力になる」について話し合う。↓自分なりにプリントに書き込んでいく。
② 市役所の方からモノレールの駅周辺のまちづくりや、武蔵村山市のよさや特色について話を聞く（聞いた後にホワイトボードで話し合う）。
③ 地域の人にアンケートをとり、武蔵村山市のよいところや課題についてまとめ、分析する。

④　国語「やなせたかし」の伝記を読み、「知らない生き方にふれることは、自分の生き方を見直すきっかけを生む」について考える。

⑤　保健の「心の発達」で「心の発達は、様々な経験により豊かになる」ことを考える。

⑥　社会の食糧生産の学習で「人々の願いや声を取り入れることで、新たな取り組みは活性化されていく」について考える。

⑦　総合で武蔵村山市の課題を知り、まちをよくするための取り組みを話し合うことで、「人々の願いを知ることは、そのまちの在り方を変えるきっかけとなる」について考える。

⑧　話し合ったことをもとに、スライドを作成し、市長や教育長、市の職員の方、などに発表する。

①〜⑥　省略

⑦　今まで調べたことを通して、まちをよくするための取り組みについてアイデア会議を行いました。子供たちから出たテーマは「自然を生かした取り組み」「特産物のミュージアム」「レジャー施設」「カフェ」「外国の方や障がい者に優しいまち」など、選んだものでグループを作成し、話し合いました。事前に自分たちのテーマについて前例を調べていたので、さまざまなアイデアが出ました。

アイデア会議
発散「武蔵村山市をアピールするためのアイデアということ」（一人五分）
収束「大事な意見やよいアイデア」（一〇分）
活用「具体的な内容」（一五分）

市役所の多摩モノレール推進課の方々もいらして、アドバイスをいただきながら話し合いを進めていきました。夢中になって話し合っている様子に驚きました。子供たちは収束や活用のときにはまだまだ話したいと、時間を忘れて話し合っていました。

そして、各グループで話し合ったことを発表し合いました。友達が考えたことに興味津々で話を聞いていた姿が印象的でした。

アイデア会議が終わったところで、各グループの発表をしました。ホワイトボードに書いてある赤（収束）と青（活用）で書いた部分を中心に発表します。

発表を聞いているときは、みんなが集中して聞いているのが分かりました。お互いの企画した内容に興味津々で聞いている様子でした。

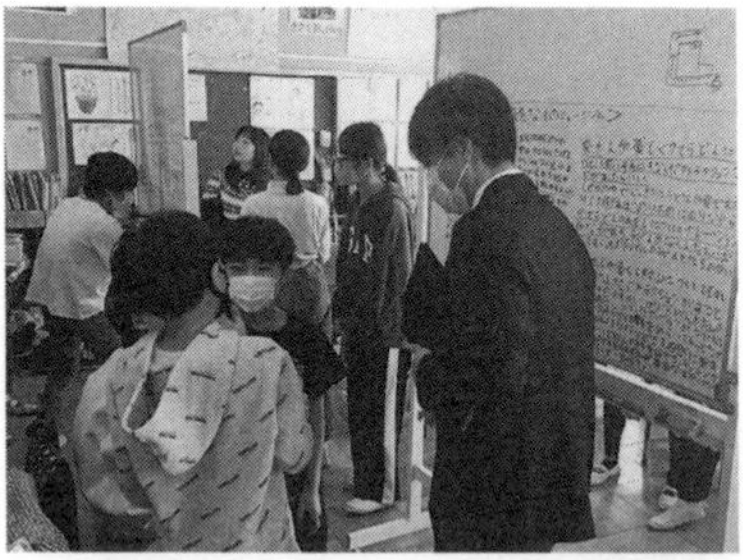

友達の発表を真剣に聞いている。本気で話し合ったから、聞きたくなる素敵な空間

⑧話し合ったことをもとに、スライドを作成しました。「こんなカフェをつくりたい！」「こんな『かてうどん』ミュージアムがあったらいい」など、話し合ったホワイトボードを参考に作成しました。

できあがったスライドはクラスで発表しましたが、市長、教育長、市の職員の方など、たくさんの方々も一緒に発表を聞いてくださり、子供たちにとって充実した時間になりました。

このように、概念型探究は複数の教科をカリキュラムマネジメントしながら進めていくことができます。また、ホワイトボード・ミーティング®はこういったカリキュラムマネジメントとも親和性が高く、取り組みやすいと思います。まちづくり学習のときは、大きなホワイトボードに書いている様子が、まさに大人の話し合いのようで、微笑ましかったです。概念を追究することで、ほかの場面でも「これは、あのときやった多様性を同じだ」「条件について、ここでも同じことがいえるかも」などと、学習の転移が見られます。「これは本当にそうなのだろうか？」「これはどういうことなのか？」と考え、追究していくことがとても楽しく、子供たちの成長も感じられる学びだと思います

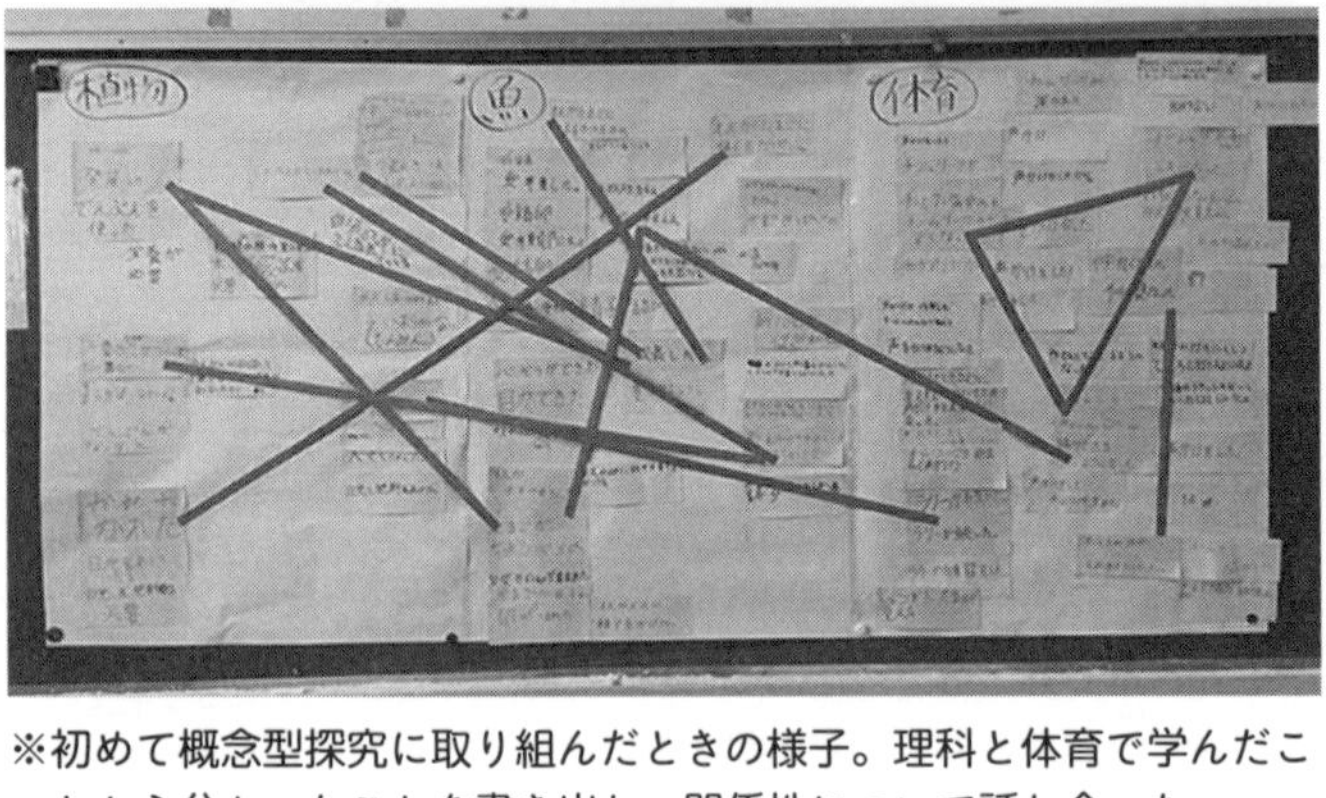

※初めて概念型探究に取り組んだときの様子。理科と体育で学んだことから分かったことを書き出し、関係性について話し合った。

保護者の声〜卒業生の保護者から〜

私がホワイトボード・ミーティング®を知ったのは娘が小学校の低学年の頃です。「今日、こんなことやったよー」と、うれしそうに話をしてくれたことを思い出します。ホワイトボードに字を書いたり絵を描いたりしたこと、友達と問題を出し合って答えを書くことが面白かったこと、習ったばかりの字を使って書くことや遊びながら取り組めたことなどが楽しかったようです。

高学年の授業参観では三、四人のグループになり、課題に沿った自分の考えを発表し、一枚の大きなホワイトボードに全員が次々に書き込んでいました。それをもとに話し合い、考えをまとめていったりする姿にホワイトボードを使った様々な活用法があるのだなと感じました。また、各自の考えを書き視覚化されることで、他者との意見の相違を見つけやすい様子が見られました。問題点が明確にされ、話し合いが深まっていく様子も見ることができました。

中学生になり、担任の先生に「よく発言する生徒が多い学年ですね」と言われたことも記憶に新しいです。ホワイトボード・ミーティング®で話し合う（議論する）ことを重ねてきた結果、課題について考えをもち、自身の意見を述べることに抵抗感が少ないのではないかと感じました。

私は今教員になり、二年目です。備えたい教師の力としてホワイトボード・ミーティング®があります。娘たちの成長を見て、やってみようと思ったのです。

講座を受講し、実践する中で次のことを感じました。一つ目は、子供たちが課題を自分のこととして捉え、解決のためにどんな方法があるか複数の考えを出し合いながら話し合いを深め、課題解決の糸口や方向性を探っていく力、学びに向かう力が身に付くことです。二つ目は、意見や立場の違う相手との話し合いを通して建設的な話し合いのスキルも身に付くことです。そして、三つ目は、自身の考えを焦点化し整理する手だても身に付けられるということです。

今後も実践を重ねながら子供たちに様々な力が身に付けられるホワイトボード・ミーティング®を続け、学んでいきたいと思います。

加藤　慶子

第5章

保護者と信頼関係を築く

楽しくスキルアップする

保護者との関わり

①　信頼関係をつくってから

保護者との信頼関係をつくるためには、自分を知ってもらうことが一番の近道だと思っています。自分はどんな考えをもっているのか、何を大事にしているのか、自己開示することが安心してもらう近道です。そのために私は学級通信を書いています。学級通信は自分の考えを伝えるツールでもあるし、子供たちの様子を伝えるものでもあります。特に年度の初めには、どんな学級経営をしていきたいのか、自分の考えを丁寧に伝えます。「吉岡先生はこういうことを大事にしているのだ」と分かってもらうことが大事です。

若い頃は毎日、学級通信を書いていました。タイトルはずっと「太陽の子」です。灰谷健次郎さんの本のタイトルからとりました。はじめは手書きの学級通信を書いていましたが、ここ数年はパソコンで作成しています。理由の一つは写真をたくさん載せられるということです。それまでは、漫画風に絵で表現していました。それはそれで味がありましたが、写真は子供たちも喜ぶし、様子が分かりやすいので手書きをやめています。

「太陽の子は大事に全部とってあります」と言ってくれる卒業生や保護者がたくさんいます。振り返りジャーナルが子供とのつながるツールだとすると、学級通信は保護者とつながるツールなのだと思います。

また、保護者会では、自分の考えを改めてプレゼンします。パワーポイントを作成し、チャレンジ・バイ・チョイスやホワイトボード・ミーティング®などについて詳しく説明します。ホワイトボード・ミーティング®を体験してもらうときもあります。そして、残りの時間は保護者がグループで楽しいテーマで話す時間をつくります。サイコロトークや「シャベリカ」(トランプにお題が書いてあり、めくった人がそのテーマで話して、順番に話していくカードゲーム)などで、話していくうちに、話が盛り上がり仲良くなることも多くあります。私はグループを回りながら話に入り、楽しい時間を過ごします。

私も保護者になったときに、保護者会へ行くのは少し緊張しました。知っている保護者の方がいると安心で、行こうかなという気持ちになりました。ですから、保護者会は学校と保護者をつなぐ役割がありますが、保護者同士をつなぐ役割もあるといいなと思います。知っている人がいるだけで、学校へ足が向くものです。

自分を知ってもらうと「この先生なら話せるかな」「少し安心した」と思ってもらえます。そうやって少しずつ信頼関係をつくっていきます。

みんながピカピカの笑顔になるように・・・

太陽の子

雷塚小学校
5年1組
担任　吉岡明子
6月29日
No. 16

命の尊さ

私事ですが、今日は私の妹の命日です。

私には妹が一人いました。高校2年生の時に交通事故で亡くなりました。突然の死・・・。十六歳という若さでこの世を去りました。

当時、私は大学生でした。それまで人の死について深く考えたことのなかった私が、一番身近な死によって、様々なことを考えるようになりました。人がいなくなるということが、どんなに苦しいことなのか、悲しいことなのか、思い知らされた毎日でした。そして、自分がなぜ生きているのか、その意味を考え、毎日のことを振り返るようになりました。そうやって自分の気持ちや考えを整理していきました。それは妹の死を受け入れるために、必要な作業だったのだと思います。

今思うと、こうやって学級通信で自分の考えや思いを伝えていることは、そういったことも関係しているのかもしれません。毎日を振り返ることで、自分がどうだったのか、考える癖がついたのかもしれません。「人の命は大切だ。」そんな当たり前の言葉が、私にはズシンと心に響くのです。

妹の死があってから、私は前よりも人に対して優しくなりました。人の悲しみや苦しみに対して、真剣に考えるようになりました。出来事の裏にある意味を考えるようになりました。妹の死が、私を大きく変えたのです。

私は子供たちに、「生きる」ことを実感してほしいと、いつも思っています。悲しい話を聞いた時、心の中で何かチクッと感じたり、自分の家族や友達が辛い思いをしている時に、自分のことのように感じたり。人を思いやることは、こうやってイメージする力が大切だと思っています。その力こそが、私が子供たちに育てたい力なのです。

ですから、「死ね。」「うざい。」そういった言葉を当たり前に使ってほしくないのです。死ぬとは、どんなに悲しくつらいものなのか、言葉の意味だけでなく、本質を考えてほしいのです。イメージしてほしいのです。ゲームの世界を現実の世界と同じに考えてはいけません。

命の尊さなんて大きなことは、簡単には教えられないかもしれません。しかし、子供たちと多くのことを共感し、お互いの関係を深めていくことで、人を大切に思う気持ちを育てていきたいと考えています。だから私は、子供たちを精一杯愛し、大切にしていくことを一番に考えています。

無条件に愛することは難しいことです。しかし、「こうしなければ、自分は見捨てられるかもしれない。」と、考えているとしたら、それは不幸なことです。愛されていないのに、どうやって人を愛することができるでしょうか。本気でぶつかって、本気で遊んで、そして本気で愛情を注いでいく・・・。そんな経験を積み重ねていく中で、クラスの子供たちにも愛される喜びを感じてほしいのです。それが私の目指す愛のあるクラスです。

私は妹が大好きでした。その妹がいなくなって、その存在の大きさに気づき、尊さを知ることができました。自分に大切な人がいるように、誰にでも大切に思っている人がいるのです。その気持ちを踏みにじることは誰にもできません。

私にとって、5年1組のみんなも尊い一人一人なのです。だからこそ、自分のことも友達のことも、大切にしてほしいと、願っています。

保護者の声～卒業生の保護者より～

吉岡先生には我が家の三姉弟がお世話になりました。担任をしていただいた第一子と第二子は二人合わせると六年間担任をもっていただいたことになります。

先生とのたくさんの思い出の中で、とても印象深かったのはやはり学級通信です。『吉岡クラス』では毎日先生の手描きの学級通信が配布されました。そこには日々の出来事や、先生の子供たちへの想い、時にはクラスが抱えている問題など、様々なことが書かれていました。また、所々に先生のイラストが描かれ、それを見るのも楽しく、ほっこりしたのを覚えています。子供が帰宅すると「今日のお手紙は？」と声をかけるのがいつの間にか習慣になっていました。日々の様子がよく分かり、親としては本当にありがたいことでした。

通信を読んでいてふと気づいたことがあります。クラスで何か問題が起きたとき、いつの間にか私自身も子供と共にその問題について深く考え、まるでクラスの一員のように悩んでいました。

また「命」という深いテーマも書かれていたときがあり、そこには先生ご自身の辛いご経験が綴られていました。大切な方の死をお話されることはきっと辛かったことと思いますが、それでも子供たちに伝えたかった命の大切さや言葉の大切さがあったのでしょう。保護者である自分もとても考えさせられました。何気ない言葉がその人との最期の言葉になってしまうかもしれない…家族へ投げかける言葉、友達への言葉…強く胸に響いたのを覚えています。そして、子供の学校生活をこんなに身近に感じてなかったようにも思います。日々のぼやきだったり、先生の好きなものだったり、ちょっとした何気ないメッセージも先生の人となりが伝わってきて、すっかり〝吉岡ワールド〟にはまっていました。まるで先生と交換日記をしているかのような濃い時間だったと感じています。

今、長女と長男は高校三年生と高校一年生に成長しています。先生との出会いがなければ、今の我が子たちのここまでの成長は見られなかったかもしれない…と感じる瞬間があります。『愛あるクラス』の一員に子供もそして保護者の私もなれたこと、心より嬉しく思います。

松本　加奈

② 自分の実践に対して考えをしっかりともつこと

教師は学級経営でさまざまなことを実践します。私も学級経営の目標という大きなことから、細かいことまで、どうしていくかを決めていきます。その際、どの実践も何のためにそうしているのかをしっかりと説明できることが大切です。

例えば私は、宿題をあまり出しません。それは嫌々学習しても身につかないと思っているからです。

漢字テストがあれば自分でそのために練習したり、自分のスケジュールを考えてチャレンジノート（自学ノート）をやったりと、自主的に取り組んでほしいと思っています。ですから、保護者から「宿題が少ない気がしますが」と話をされたときには、「こういう理由で宿題はあまり出していません」と、自分の考えをしっかりと伝えます。大切なのはしっかりと話し合うことです。自分の思いを伝えても、それでもやはり……という場合は個別に対応していきます。

今、保護者との関わりが難しいと感じている人も多くいると思います。そんなときは、自分はなぜこうしているのかを考えて、保護者と誠実に話すことが大切だと思います。説明ができないことは、何となくやっていることも多いです。保護者からの言葉で考える機会ができたと思って、「何のために」を考えてみてほしいと思います。

③ 保護者面談のときには

私は特別支援コーディネーターをしていた時期がありました。ですから、担任と保護者が面談する際に、同席することや学年主任として保護者との面談に立ち会うことも多くありました。もちろん、自分のクラスの保護者と面談することもあります。そういったときは、まず、保護者の皆さんが安心して笑顔で帰ってもらえるように考えて面談しています。

面談で大切にしていることは、嘘をつかずに正直に向き合うことです。学校で起きていることも私は正直に話します。どんなことに困っているのか、そのためにどんな支援をしているのか、そしてこれからどうしたいのかをしっかり話します。オブラートに包んで話したり、ごまかしたりすると話し合いはうまくいきません。保護者と一緒に困り感を共有し、同じ方向を向いて進んでいこうと話し合うと、保護者も安心して進もうとしてくれます。よく、困っていることだけを並べ立てて、具体的な案もなく話す先生もいます。保護者としては、「そう言われても、話しても聞かないし……」と困り感が増すだけです。そのために教師が何をしたのか、そしてこれから先どうしたいのか、具体的に話すだけで、同じ方向を向くことができます。

特別支援学級のとき、さまざまな保護者と話をしました。どんなときでも子供たちのためにという大切なことを前提に話していくことが大切だと感じました。学校が困っているから何とかしてほしい、ではなく、子供たちが幸せになるためにどうしたらいいかを真剣に考えることが大前提になります。

クラスでも同じです。その子のために、できる手立ては何だろうかと考え、やってみる。それでも困ったときは、保護者と相談して一緒に取り組んでいく。うまくいかないこともたくさんありますが、振り返り、改善しながら次に進んでいくことが大切なのではないでしょうか。そして、困ったときは仲間に助けを求める。そうやって一歩一歩進んでいくしかないのだと思います。

教職員の取り組み

① 楽しい！から始まる実践紹介

私はいろいろな実践をしていますが、どれも「楽しい」と思ってやっています。その楽しく取り組んでいる様子を見てもらうことが、先生方に興味をもってもらう第一歩です。学級通信を配布して、考え方や活動の様子を伝えることもしています。放課後にミニ研修会を行うこともあります。どの実践を選ぶかは先生方の自由です。自分が楽しい、と思った実践を紹介はしますが、子供たちと同じで、興味があることだから探究していくのだと思うので、興味をもってくれた先生方がいたら一緒に学んでいく、ということをしています。そして少しずつ、一緒にやってくれる仲間を増やしていきます。

② 一緒に取り組んだ校内研究

私が研究主任をしていたときに一番感じたのは、「研究は学校を変えられる」ということです。みんなでたくさん対話しながら研究をすることで、先生方に少しでも研究に前向きになってほしいと願っていました。そのため、講師として授業づくりネットワーク理事長の石川晋先生、ちょんせいこ先生、東京学芸大学教職大学院准教授の渡辺貴裕先生をお招きし、ファシリテーションを核とした研究をしました。このときの校内研究は、先生方が共に学んだと思います。三人の講師の先生方の考え方から学ぶことも多くありました。

特に石川晋先生からは、先生方が話し合ってつくっていく校内研究の在り方や、協議会の方法など、研究のスタートとして基礎になる部分を教えていただきました。

また、国語の専門性や授業の在り方などたくさんの刺激をいただいています。

余談ですが、石川晋先生は、ちょんせいこ先生と共に、日頃から学ばせていただいている私の尊敬する先生です。

このときの校内研究の取り組みを少し紹介したいと思います。

❶ 協議会・検討会

研究協議会をホワイトボード・ミーティング®の企画会議で行いました。一部の先生が発言するのではなく、誰もが同じ時間、平等に話すことができるのがホワイトボード・ミーティング®のよさです。若手、ベテラン関係なく話すことで、たくさんの気づきが生まれます。また、可視化されることで互いの意見をしっかりと確認しながら話し合うことができます。

また、事前に「対話型模擬授業検討会」も行いました。これは、渡辺貴裕先生から教えていただいた事前授業の検討会です。先生方が学習者の視点で模擬授業を受け、どうだったかを「コルトハーヘンのALACTモデル」の考えをもとに、「Do」「Think」「FeeL」「Want」の視点で話し合います（詳しくは教師教育学会年報での論文　渡辺貴裕、岩瀬直樹「より深い省察の促進を目指す対話型模擬授業検討会を軸とした教師教育の取り組み」『日本教師教育学会年報』第二六号、二〇一七年九月、一三六－一四六頁参照）。

この検討会はグループに分かれ、職員全員で行いました。研究授業は分科会の先生方だけで事前に検討することが多いと思いますが、授業当日に先生方に「自分ごと」として授業参観をしていただきたかったので、どの研究授業の前でも対話型模擬授業検討会を設定し、みんなで検討しました。この検討会は、私にとって新しいチャレンジでしたが、授業を行ううえでの考え方を学ぶことのできる検討会でした。授業の良し悪しを批判するのではなく、学習者として一緒に気づくという、授業者への温かい気持ちが感じられる学びの多い時間でした。

❷　研究授業の後に子供たちへインタビュー

研究授業の後に、学習者である子供たちにインタビューをしました。協議会で話したい視点を中心に、全職員がホワイトボード・ミーティング®を使って、子供たち全員にインタビューしました。協議会では子供たちの言葉が書かれたミニホワイトボードを見ながら話し合いを行いました。子供たちの声を聞くことは、発見が多くあり、協議の参考になりました。

❸　ブッククラブ

先生方ともブッククラブをしました。研究の参考になりそうな本や、おすすめの本など、本ごとにグループを変えながら、一緒に語り合いました。先生方がどんな考えをもっているのかが分かり、意外な一面を知るなど取り組んでいて楽しかったです。

※読んだ本（一部）

・『「みんなの学校」が教えてくれたこと』（木村泰子著、小学館）

・『あかはなそえじ先生の　ひとりじゃないよ』（副島賢和著、学研プラス）

・『まんがで知る教師の学び』（前田康裕著、さくら社）

・『「対話」がクラスにあふれる！国語授業・言語活動アイデア42』（石川晋著、明治図書）

・『授業づくりの考え方』（渡辺貴裕著、くろしお出版）

❹ 振り返りジャーナル

研究のある日には、先生たちにも振り返りジャーナルを書いてもらいました。私が読んで返事を書いたのですが、毎回振り返りを読むことで、先生方自身の気づきに触れることができ、とても参考になりました。

校内研究を進めていくなかで、先生方の意識も楽しく学ぼうという気持ちになっていったと思います。研究によって授業が変わる、先生方の考え方や教師としての在り方も変わっていく、そんな校内研究は学校を創る大きな役割を果たしているのだと思います。

おわりに

まずは、最後までお読みいただき、ありがとうございました。

教師になってから今まで、たくさんの子供たちと出会ってきました。いつも新しいクラスになると思うのは、「今年もなかなか大変そうだぞ」ということです。しかし、毎日奮闘していくうちにクラスが安心・安全の場になってくると、その大変だったことを忘れていってしまうのです。教師という仕事はそうやって上書きされていくものなのかなと思っています。そして、「学ぶ」ことで、それを武器にして続けていく。新しいことを学んでこなかったら、私自身教師として続けてこられなかったかもしれません。

ホワイトボード・ミーティング®やPAと出会ってから、「子供たちと一緒に」「子供たちの力を借りながら」クラスをつくっていくことが私の学級経営になりました。子供たちには力がある、それを信じています。そして子供たちとゆるやかに向き合い、ゆるやかにつながっていく。そんな温かい関係を大切にしています。

私には、信頼ベースの学級ファシリテーションを知ってからいろいろな出会いがあり、そこからまた仲間の輪が広がって、素敵な先生方にたくさん出会いました。この出会いを今でも大切にしています。同じ志をもった先生方が日本中にたくさんいるのだと分かりました。今回こうして本にまとめたいと考えたのも、信頼ベースの学級ファシリテーションやホワイトボード・ミーティング®を広めたいと思ったからです。

子供たちが自信をもって自分らしく生きられるそんな未来を夢見ています。そのために「愛のあるクラス」「愛のある学校」を目指して、これからも進んでいきます。

この本を出版するにあたって、たくさんの方に支えていただきました。出版のきっかけをくださった帝京大学教授の勝田映子先生、株式会社ひとまちのちょんせいこ先生、いつも心の支えとなってくれている仲間の横山弘美さん、出版に向けて支えてくださった明治図書の木村悠さん、そして原稿依頼を快く引き受けてくださった佐藤順子さん、保護者の皆様や子供たち。たくさんの方々に心から感謝いたします。

そしてこの本が少しでも、日々頑張っている先生方の力になれれば幸いです。

二〇二五年三月

吉岡　明子

【著者紹介】

吉岡　明子（よしおか　あきこ）

東京学芸大学卒業。東京都小学校指導教諭。ホワイトボード・ミーティング®認定講師。1997年より青梅市で教員となる。

府中市で特別支援学級を経て、現在は武蔵村山市で教員を務める。

初任当初から「愛のあるクラス」を目標に掲げ、互いに認め合える学級経営を実践。「信頼ベースの学級ファシリテーション」に出会ってから、ホワイトボード・ミーティング®を中心に、プロジェクト・アドベンチャーやマインドマップなど、様々な実践を通して、子供たちにとって安心・安全で居場所のある学級づくりに取り組んでいる。

安心・安全な場で学べる教室づくり
ファシリテーションを活用したチームづくりの手法

2025年4月初版第1刷刊 ©著　者　吉　岡　明　子
発行者　藤　原　光　政
発行所　明治図書出版株式会社
http://www.meijitosho.co.jp
（企画）木村　悠（校正）井草正孝
〒114-0023　東京都北区滝野川7-46-1
振替00160-5-151318　電話03(5907)6703
ご注文窓口　電話03(5907)6668

＊検印省略　組版所　広研印刷株式会社

Printed in Japan　ISBN978-4-18-036628-6